Delilah Crowder

La ley de la SIEMBRA y la COSECHA

Delilah Crowder

La ley de la SIEMBRA Y LA COSECHA

Publicado por Delilah P. Crowder
Derechos Reservados
©2013 por Delilah P. Crowder
www.delilahcrowder.com

Ninguna parte de esta publicación podrá ser reproducida, procesada en algún sistema que la pueda reproducir o transmitida por algún medio electrónico, mecánico, fotocopia, cinta magnetofónica u otro, excepto para breves citas en reseñas, con el permiso previo del autor.

Las citas bíblicas se tomaron de:
- Santa Biblia Versión Reina Valera 1960. ©1960 por la Sociedad Bíblica en América Latina.
- Nueva Versión Internacional (NVI). ©1999 por la Sociedad Bíblica en América Latina.

CONTENIDO

Introducción ... 13
Capítulo I - Antes de sembrar ... 21
Capítulo II - Los instrumentos para la cosecha ... 33
Capítulo III - Preparar el terreno ... 49
Capítulo IV - Tipos de semillas ... 59
Capítulo V - Sembrar la semilla ... 75
Capítulo VI - Enemigos del sembradío ... 85
Capítulo VII - Sacrificios y esfuerzo ... 91
Capítulo VIII - Regar el sembradío ... 99
Capítulo IX - Tiempo de la cosecha ... 107
Capítulo X - Administrar la bendición ... 119
Amar a un solo Señor ... 129

DEDICACIÓN

Dedico este libro a mi Señor y Salvador Jesucristo. Gracias, Señor, por tu amor eterno derramado en mi corazón, por la revelación de tu Palabra que me lleva cada día a vivir una vida de búsqueda más profunda de ti y tus verdades.

AGRADECIMIENTOS

*Quiero agradecer primeramente a mi Dios y Señor Jesucristo por la oportunidad que me concede al traer este libro a usted. Espero que sea de gran bendición para su vida.
A mi esposo Chris. Gracias por los sacrificios que haces, por cubrirme siempre espiritualmente en oración e ir adelante como cabeza y sacerdote de nuestro hogar.
Mil gracias.*

INTRODUCCIÓN

El propósito de este libro es llevarlo a usted a un entendimiento más claro y profundo de la voluntad de Dios y el orden que Él ha establecido en cuanto a la Ley de la Siembra y la Cosecha. De esta forma, podrá empezar a disfrutar de las muchas bendiciones que Dios tiene guardadas para usted y no será como "… niños fluctuantes, llevados por doquiera de todo viento de doctrina, por estratagema de hombres que para engañar emplean con astucia las artimañas del error" (Efesios 4:14).

No podemos dudar de que estamos viendo lo que nos advirtió el apóstol Pablo en la segunda carta a Timoteo, capítulo 3, donde nos dice que en los postreros días veremos hombres amantes de sí mismos y avaros, hombres y mujeres que hacen uso del evangelio para su propio beneficio. Por supuesto, este no es el propósito de este libro; mi oración es que a través de este estudio detenido de la Palabra, usted sea lleno de conocimiento, edificado y bendecido.

Dios, la Palabra y la prosperidad.

Antes de continuar, quisiera que no hubiera ninguna duda en su corazón de que Dios quiere bendecirlo y prosperarlo; podemos verlo una y otra vez en las Escrituras. Por ejemplo, en Juan 10:10, Jesús dijo: "… yo he venido para que tengan vida, y para que la tengan en abundancia", abundancia de paz, amor, salud y prosperidad; completos en Él. La palabra abundancia utilizada en este pasaje significa "sin límites, hasta que sobreabunde". Dios tiene pensamientos de bien y no de mal para nosotros. El propósito de nuestro Padre celestial es que tengamos abundancia en todas las áreas de nuestras vidas.

> *"Y los bendijo Dios, y les dijo: Fructificad y multiplicaos…" Génesis 1:28*

En el pasaje anterior de Génesis, se nos manda a que seamos fructíferos, lo cual no solo se aplica a la procreación de hijos sino a todo aquello que emprendemos. Ser fructífero es producir fruto, traer beneficios. Usted y yo estamos llamados a producir en todas las áreas y los aspectos de nuestro diario vivir. Debemos ser fructíferos en nuestros trabajos y ministerios, en nuestras relaciones, y más aún, como hijos de Dios y en nuestra relación con Él.

> *"Será como árbol plantado junto a corrientes de aguas, que da su fruto en su tiempo, y su hoja no cae; y todo lo que hace, prosperará" Salmos 1:3*

El salmista nos indica los beneficios que ha de disfrutar aquel que anda en santidad y justicia delante de Dios y los hombres. En primer lugar, es llamado "bienaventurado", bendecido, feliz; en segundo lugar, promete que todo aquello que emprenda "prosperará". Tenga en cuenta que la prosperidad que nos habla el salmista no se limita solamente a las finanzas. Esta prosperidad va mucho más allá de lo que podamos tener en nuestras cuentas bancarias. Nos habla de estar completos y perfectos en Cristo Jesús. Nos habla de abundancia en todas las áreas de nuestras vidas, abundancia de unción, poder, paz, amor, etc. Cuando usted y yo vivimos una vida en justicia, Dios nos permite disfrutar de prosperidad en nuestra alma y nuestro espíritu, nuestras relaciones con los demás y en toda obra que emprendamos, ya sea secular o ministerial.

Promesas de prosperidad

"Y haré de ti una nación grande, y te bendeciré, y engrandeceré tu nombre, y serás bendición" Génesis 12:2

Otro ejemplo lo podemos ver en Génesis 12, donde Dios llamó a Abraham y le dio lo que hoy conocemos como el Pacto Abrahámico. En él le dijo que saliera de en medio de su familia a un lugar que Abraham no conocía, porque allí lo bendeciría y lo haría de bendición a otros, lo prosperaría y haría su nombre grande.

Cuando Dios nos llama a que nos convirtamos en dadores alegres, muchas veces como Abraham no podemos ver mucho más allá de las circunstancias presentes, pero también como él, debemos movernos en fe, creyendo que

Dios no solo proveerá, sino que prosperará.

> *"Subió, pues, Abram de Egipto hacia el Neguev, él y su mujer, con todo lo que tenía, y con él Lot. Y Abram era riquísimo en ganado, en plata y en oro" Génesis 13:1-2*

Al continuar leyendo en el capítulo 12 de Génesis, vemos que hubo gran hambre en la tierra, y debido a esto, Abraham bajó a Egipto. Note más adelante en el capítulo 13 que, cuando él salió de esa nación, ya era riquísimo en ganado, plata y oro.

¡Gloria a Dios! Aun en medio del hambre, Él prosperó a Abraham. Lo hizo así porque había un pacto de por medio, una promesa de bendecir y prosperar, y como "Dios no es hombre para que mienta, ni hijo de hombre para que se arrepienta" Números 23:19, hizo conforme a su promesa a Abraham. De la misma manera, hará con usted y conmigo.

> *"Y si vosotros sois de Cristo, ciertamente linaje de Abraham sois, y herederos según la promesa" Gálatas 3:29*

Conforme Gálatas 3, usted y yo somos partícipes de esta promesa a través de nuestra fe en Jesucristo. Dios quiere bendecirnos de la misma manera que bendijo a Abraham. En otras palabras, usted y yo, por medio de Jesucristo, tenemos derecho a entrar en el pacto que Dios hizo con Abraham. De igual manera, el Señor quiere bendecirlo, sin importar sus circunstancias o la economía global. Mi esposo y yo somos testigo de ello. Una y otra vez, hemos visto que Dios abría puertas de bendición para nosotros, aun cuando la economía caía, el dólar perdía su valor y las compañías se declaraban en bancarrota. En medio de esos tiempos, Dios comenzó a prosperarnos y a sacar adelante nuestros negocios y ministerio.

"Después hubo hambre en la tierra, además de la primera hambre que hubo en los días de Abraham; y se fue Isaac a Abimelec rey de los filisteos, en Gerar.

Y se le apareció Jehová, y le dijo: No desciendas a Egipto; habita en la tierra que yo te diré.

Habita como forastero en esta tierra, y estaré contigo, y te bendeciré; porque a ti y a tu descendencia daré todas estas tierras, y confirmaré el juramento que hice a Abraham tu padre (…) Y sembró Isaac en aquella tierra, y cosechó aquel año ciento por uno; y le bendijo Jehová.

El varón se enriqueció, y fue prosperado, y se engrandeció hasta hacerse muy poderoso". Génesis 26:1-3 y 12-13.

Una y otra vez, vemos cómo Dios prosperó y proveyó para sus siervos aun en tiempos difíciles. Al igual que Abraham, su hijo Isaac habitó en tierra de Gerar en tiempos de hambre, y Dios lo prosperó en aquel lugar.

No se deje llevar por los tiempos, porque nuestra prosperidad no depende de si la bolsa de valores subió o bajó, nuestra prosperidad está en Dios, el cual es dueño del oro y de la plata.

Deuteronomio 8:18 dice: "... acuérdate de Jehová tu Dios, porque él te da el poder para hacer las riquezas, a fin de confirmar su pacto que juró a tus padres, como en este día". Es Dios quien nos da poder, habilidades y destrezas, y abre puertas de oportunidades para que prosperemos y su pacto sea establecido. ¿Cuál pacto? El evangelio de salvación. Cuando usted y yo somos bendecidos y nos convertimos en canales de bendición para otros y soportamos la obra de Dios financieramente, el evangelio es predicado, y el pacto del Señor es establecido.

Mire detenidamente en este pasaje que el propósito por el cual Dios prospera es primordialmente para que su pacto sea establecido, no para nuestro propio lucro. Es cierto que somos bendecidos y disfrutamos de esa bendición, pero no nos olvidemos del propósito de Dios, el cual es que usted y yo nos convirtamos en canales de bendición en medio de su obra.

Ya teniendo en claro que Dios quiere bendecirlo, miremos entonces de cerca cómo obtener esas bendiciones. En los últimos años, mucho se ha predicado y enseñado sobre el tema de sembrar y cosechar, pero lamentablemente, en ocasiones, se ha abusando llevando al hombre y a la mujer de Dios a sentirse frustrados por no ver la mano del Señor moverse inmediatamente. Dios es soberano y se mueve a su tiempo y según su propósito y voluntad. Es verdad que Él quiere bendecirlo, pero hay ciertas condiciones que deben funcionar para que la promesa de Dios fluya en abundancia en su vida. Cuando leemos en las Escrituras los pactos que Él tiene con el hombre en su mayoría, estos tienen ciertos requisitos o condiciones que el hombre debe cumplir. Una y otra vez, escuchamos a Dios decir: "Si obedecieres estos mandamientos que te prescribo hoy..."; en otras palabras, hay un orden que usted y yo debemos seguir para poder disfrutar de esas bendiciones.

Es menester que nos detengamos y escudriñemos las Escrituras, las cuales nos enseñan las condiciones necesarias para que la bendición de Dios fluya. No es suficiente con simplemente sembrar la semilla, hay un proceso que seguir. Todo buen sembrador le diría que hay procedimientos para seguir antes y después de sembrar la semilla, que entre el otoño y la primavera hay un largo invierno.

En este libro, estudiaremos de cerca el proceso de cultivo que nos hablan las Escrituras y cómo ello se aplica en forma espiritual a nuestras vidas y a la promesa de prosperidad que Dios nos ha dado. ¡Si desea recibir una gran bendición, en este libro la hallará!

"Amado, yo deseo que tú seas prosperado en todas las cosas, y que tengas salud, así como prospera tu alma" 3 Juan 2

Delilah Crowder

CAPÍTULO I

ANTES DE SEMBRAR

"Haces que se empapen sus surcos, Haces descender sus canales; La ablandas con lluvias, Bendices sus renuevos"

Salmos 65:10

En los tiempos bíblicos, por lo general se esperaba por la lluvia antes de empezar a cultivar la tierra. Esto sucedía normalmente entre los meses de octubre y noviembre —lo que la Biblia llama la lluvia temprana—. En los años que la lluvia no llegaba a tiempo, la cosecha no era igual. Por ello, a través de las Escritura, vemos que la lluvia es un tipo de bendición.

Así como la tierra necesita de la lluvia para preparar el terreno que ha de ser cultivado, de igual manera nuestras vidas necesitan la lluvia del Espíritu Santo de Dios, el cual nos ministra tocando nuestros corazones y preparando el terreno para la Palabra de Dios, la semilla.

El Espíritu Santo nos ministra a través de la Palabra y nos revela el estado de nuestra alma haciéndonos ver nuestra condición pecaminosa, pero a su vez nos da entendimiento de que la obra ya fue hecha por Jesucristo en la cruz del calvario y que la justicia de Dios está disponible para nosotros.

Pero yo os digo la verdad: Os conviene que yo me vaya; porque si no me fuera, el Consolador no vendría a vosotros; mas si me fuere, os lo enviaré. Y cuando él venga, convencerá al mundo de pecado, de justicia y de juicio. De pecado, por cuanto no creen en mí. Juan 16:7-9

El trabajo del Espíritu Santo en el creyente es extraordinario y extenso. En el pasaje anterior, vemos tres obras específicas, las cuales son el inicio de su tarea en nuestra vida, cómo la lluvia temprana viene a prepararnos para recibir las bendiciones que Dios ha dispuesto para nosotros.

Me llama la atención que dice "convencerá"; en otras palabras, el Espíritu Santo ha de persuadir, de presentar el caso de cada hombre hasta el punto que tenga que rendirse a los pies de Jesús y reconocer y declarar que es pecador.

De pecado

El Espíritu Santo, ya sea a través de predicaciones, enseñanzas, exhortación o música, diariamente habla al mundo pecador sobre su condición y cómo esta puede ser cambiada solo a través de fe en Jesucristo.

De igual manera, nosotros como creyentes, aunque ya salvos, somos cada día confrontados y llamados al arrepentimiento de nuestras acciones pecaminosas.

De justicia

En primer lugar, el Espíritu Santo habla de la justicia que reside en Jesucristo como Hijo de Dios, pero a su vez nos ayuda a comprender que nosotros mismos no podemos alcanzar justicia, porque ella es recibida solo por gracia.

De juicio

Por cuanto el príncipe de este mundo ha sido juzgado, nos habla que en Jesucristo radica todo poder.

"Porque el hombre natural no puede percibir la cosas que son del Espíritu de Dios, porque para él son locura, y no las puede entender porque se han de discernir espiritualmente" 1 Corintios 2:13-15

El Espíritu Santo nos da la visión de Cristo y el plan de salvación y bendición que Él tiene para nosotros.

Todo esto es el principio de la obra del Espíritu en

nuestras vidas; una vez salvos, el proceso de santificación es iniciado en nosotros. Este proceso es continuo en el creyente y ha de continuar mientras estemos en este cuerpo mortal.

> *"estando persuadido de esto, que el que comenzó en vosotros la buena obra, la perfeccionará hasta el día de Jesucristo"*
> **Filipenses 1:6**

No importa cuántos años tengamos sirviendo al Señor, necesitamos cada día acercarnos a Él con corazones humildes y pedirle que nos lleve a alturas espirituales en Él, quitando todo aquello que no sea de su agrado de nuestras vidas y añadiendo lo que necesitamos para poder ser mejores siervos y siervas en su obra.

A través de la Palabra de Dios, el Espíritu Santo ministra a nuestras almas trayendo liberación y restauración espiritual. El mismo Señor Jesús dijo: "Conoceréis la verdad y la verdad les hará libre" y "mi Palabra es la verdad" Juan 8:32. Cuando nos miramos en el espejo de la Palabra de Dios, podemos entender claramente cuáles son aquellas cosas encerradas en nuestros corazones que deben ser eliminadas. Y con la ayuda del Espíritu, podemos lograrlo.

Seamos sinceros, cuando nos acercamos a Dios por primera vez, estábamos cargados, llenos de odio, envidias, con heridas muy profundas que, en muchas ocasiones, ni aun nosotros mismos podíamos identificar. A través de la obra del Espíritu Santo, nuestros corazones son tocados, y el terreno es preparado para recibir lo que Dios tiene guardado para nosotros.

¿Cómo se prepara el terreno? A través del desarrollo de cada una de las virtudes del fruto del Espíritu, tales como amor, gozo, paz, paciencia, benignidad, bondad, fe, mansedumbre y templanza. A medida que vamos creciendo en Dios y desarrollando el fruto del Espíritu en nosotros, podemos echar mano de las bendiciones de Dios. Estas virtudes, como lluvia, entran a nuestras vidas para transformar, traer refrigerio espiritual y llenarnos de bendición.

La voluntad de Dios

"Amado, yo deseo que tú seas prosperado en todas las cosas, y que tengas salud, así como prospera tu alma" 3 Juan 2

En la tercera epístola de Juan, se nos dice que la voluntad de Dios es que prosperemos en todas las cosas, así como prospera nuestra alma. En este versículo, se utiliza "así" como adverbio, el cual indica "de igual manera". ¿Qué quiere decir esto? Que con el mismo nivel que crecemos espiritualmente, recibiremos las bendiciones que Dios ha prometido para nosotros. En otras palabras, si aun somos niños espirituales, aunque herederos, seremos tratados como esclavos, sin derecho a poder administrar nuestra herencia.

"... Entre tanto que el heredero es niño, en nada difiere del esclavo, aunque es señor de todo" Gálatas 4:1

El apóstol Juan nos habla de balance: si no hay crecimiento no hay bendición. Colóquese en el lugar de Dios, ¿daría usted cien dólares a un niño de dos años? ¿Usted pondría a un niño a administrar sus negocios? Posiblemente no. De igual manera, si no hemos crecido espiritualmente, no estamos listos para recibir la prosperidad que Dios promete. Pregúntese así mismo: ¿soy un buen administrador de los bienes que Dios ha puesto en mis manos? ¿He sido fiel en lo poco, por lo tanto tengo derecho a lo mucho?

¿He dado a Dios los diezmos y las primicias de todo? Si con dificultad diezmamos de quinientos dólares, ¿qué cree que haría con cinco mil dólares?

Recuerde que el propósito de Dios de bendecirlo no es para que usted pueda comprar un lujoso auto, una casa grande y vestirse con ropa de diseñador. Aunque todo esto es bueno, el propósito primordial para Dios es que usted sea un canal de bendición para otros y en su obra, que apoye la obra local y la visión que Él ha dado a sus hijos. La medida con la cual usted ofrenda y diezma actualmente en la obra de Dios nos habla de cómo lo haría si es prosperado aún más.

En Hageo 1:5-6, 9, se nos exhorta:

> *... Meditad sobre nuestros caminos.*
> *Sembráis mucho, y recogéis poco; coméis,*
> *y no os saciáis; bebéis, y no quedáis*
> *satisfechos; os vestís, y no os calentáis; y el*
> *que trabaja a jornal recibe su jornal en*
> *saco roto (...) ¿Por qué? dice Jehová de los*
> *ejércitos. Por cuanto mi casa está desierta,*
> *y cada uno de vosotros corre a su propia*

casa.

Claramente, podemos ver en el pasaje anterior una de las razones por las cuales muchos dentro del pueblo de Dios no son prosperados. Sus deseos son para ellos mismos y no tienen ningún cuidado de la obra de Dios, muchas veces miran al hombre y no son obedientes a la Palabra. Tengamos presente que desobediencia es pecado, y Dios no tiene parte con el pecado. En las Escrituras, se nos manda a diezmar y ofrendar; mejor aún, 2 Corintios 9:7 nos dice que "... Dios ama al dador alegre".

Recuerde, Dios no bendice donde hay pecado. Me pregunta usted: ¿no diezmar u ofrendar es pecado? No soy quién para juzgar, la que juzga es la Palabra y esta dice:

> *¿Robará el hombre a Dios? Pues vosotros*
> *me habéis robado. Y dijisteis: ¿En qué*
> *te hemos robado? En vuestros diezmos*
> *y ofrendas. Malditos sois con maldición,*
> *porque vosotros, la nación toda, me habéis*
> *robado. Traed todos los diezmos al alfolí...*
> *Malaquías 3:8-10*

La misericordia de Dios

"Volveos a mí, y yo me volveré a vosotros,
ha dicho Jehová de los ejércitos" Zacarías
1:3

Dios nos llama hoy al arrepentimiento y al cambio ("si oyeres atentamente la voz de Jehová"). Si usted quiere disfrutar de la prosperidad que Dios promete en su Palabra, debe empezar pidiéndole perdón y luego caminar en obediencia en cuanto a diezmos y ofrendas se refiere. Puede ser que seamos fieles diezmadores, pero ¿qué tal las ofrendas? Recuerde lo que dice: "… ¿En qué te hemos robado? En vuestros diezmos y ofrendas" (énfasis añadido).

La condición de nuestro corazón

Tomemos un momento y examinémonos a nosotros mismos. Miremos nuestro corazón y hagámonos las siguientes preguntas: ¿cuáles son mis verdaderas intenciones al querer que Dios me bendiga y prospere?, ¿lo deseo simplemente por fama, reconocimiento o gloria?, ¿estoy dispuesto a convertirme en un vaso de bendición que Dios pueda usar para bendecir a otros y financiar la obra del evangelio? Recuerde: "Si, pues, nos examinásemos a nosotros mismos, no seríamos juzgados" (1 Corintios 11:31).

"Ninguno puede servir a dos señores;
porque o aborrecerá al uno y amará al otro,
o estimará al uno y menospreciará al otro.
No podéis servir a Dios y a las riquezas".
Mateo 6:24

Mateo nos dice que no podemos amar a dos señores, porque amaremos a uno y despreciaremos a otro. No podemos amar a Dios y a las riquezas. De acuerdo con 1 Timoteo 6:10, el amor al dinero es la raíz de todo mal. No el dinero, sino el amor al dinero. Y ¿qué es amor? Una pasión que atrae. ¿Le atrae el amor por Dios, las almas y su obra? O ¿le atrae el poder, el renombre y las riquezas? Aunque estas traen bienestar y ciertos beneficios, el mayor propósito de nuestras vidas debe estar dirigido a hacer la voluntad del Padre, a convertirnos en colaboradores de su reino. Debemos arduamente alcanzar alturas espirituales en Cristo y un corazón humilde, dispuesto ante todo a buscar primeramente el reino de Dios y no las añadiduras. Alguien dijo: "Enséñame tu chequera, y te diré donde está tu corazón". En otras palabras, sus gastos más frecuentes reflejan dónde está su corazón.

Despedregar el terreno

Ahora cantaré por mi amado el cantar de mi amado a su viña. Tenía mi amado una viña en una ladera fértil. La había cercado y despedregado y plantado de vides escogidas; había edificado en medio de ella una torre, y hecho también en ella un lagar; y esperaba que diese uvas, y dio uvas silvestres. Isaías 5:1-2

Es posible que usted no tenga ningún problema en cuanto a diezmar y ofrendar, pero sin embargo, tiene otras cosa que detienen su bendición. Todos sabemos que, al simple ojo humano, hay cosas que no podemos ver, pero Dios es el que escudriña nuestro corazón.

El salmista David, hombre conforme a la voluntad de

Dios, llamado a ser rey de Israel, en el cual estaban la mano y la unción del Señor, luego de haber caído en pecado y examinado su corazón, halló que este no era puro y limpio. Y alzando su voz, pidió: "Crea en mí, oh Dios, un corazón limpio…" (Salmos 51:10).

En Isaías 5, leemos el cantar del Amado a su viña. Dice que la plantó en una ladera fértil (en una iglesia donde fluye al Palabra y la unción de Dios), que la cercó y despedregó. Cuando nos dice que la despedregó, podemos entender desde el ámbito espiritual que tomó todo aquello que pudiera impedir que la semilla creciera libremente. De igual manera, nuestros corazones deben ser libres de toda impureza, resentimiento, odio, amarguras, dudas, miedos y muchas otras cosas que impiden que podamos crecer y disfrutar de las bendiciones que Dios tiene para nosotros.

Cara a cara con nosotros mismos

Después del Señor, nadie nos conoce mejor que nosotros mismos. Conocemos nuestro pasado y todas aquellas cosas que hemos experimentado y que, de una forma u otra, han causado daño a nuestras vidas. Y nosotros mismos, con la ayuda del Espíritu Santo, podemos hacer frente a ello y sacarlas de nuestros corazones.

El Espíritu de Dios ha sido dado para asistirnos, pero depende de usted y de mí recibir la Palabra y dejar que esta haga el trabajo en nuestras vidas y corazones. Sin embargo no podemos dejarle todo al Espíritu Santo. Hay una parte que usted y yo debemos hacer. Debemos ser proactivos. ¿Qué es ser proactivo? Tomar responsabilidad por nuestras propias vidas y acciones.

La persona proactiva no se detiene a lamentarse por el pasado y las circunstancia, sino que busca la manera de transformarlo a su favor. El proactivo echa mano de las bendiciones y promesas que Dios le ha dado. Busca arduamente agradarle y anhela ser purificado y transformado cueste lo que cueste. El proactivo está atento a la voz y a la guía del Espíritu Santo, sabiendo que esta es la única manera de dejar atrás al viejo hombre y caminar hacia adelante, a la bendición que está guardada en Dios.

Por otro lado, la persona reactiva se rinde fácilmente y echa culpa a todo y todos, sin tomar su propia responsabilidad. Un ejemplo de esto es aquella persona que carga con rencores en su corazón porque, en algún momento de su vida, fue herida o traicionada. Siempre se justifica por su carácter y forma de ser, en vez de tomar responsabilidad y, dirigida por el Espíritu Santo, buscar un cambio en su vida. El reactivo sede fácilmente a las tentaciones de la carne y no lucha con tenacidad para alcanzar madurez en Cristo.

La culpa es fea

Aun dentro del pueblo de Dios, encontramos este tipo de persona, que culpa al pastor, los líderes y hasta los músicos por no haber crecido espiritualmente y alcanzado las bendiciones de Dios. En este caminar en Cristo, aunque todos miembros de un solo Cuerpo, cada uno es responsable por su propia vida. Todos somos culpables de accionar como reactivos en algún momento en nuestras vidas, de una forma o de otra. Sé que tomar responsabilidad no es nada fácil. Como dicen en mi país: "La culpa es fea, y nadie la quiere". Pero para poder recibir las bendiciones de Dios y prosperar, necesitamos madurar, y esto solo lo puede hacer usted mismo con las lluvias del Espíritu Santo sobre su vida.

CAPÍTULO II

LOS INSTRUMENTOS PARA LA COSECHA

Una vez que la lluvia ha caído y el terreno está blando y listo para el cultivo, el sembrador hecha manos de los instrumentos que lo ayudarán a preparar y trabajar la tierra para su siembra. De igual manera, nosotros como hijos de Dios debemos echar mano de los instrumentos que Él ha puesto en nuestras manos para poder vencer y obtener la victoria.

"Y Jehová dijo: ¿Qué es eso que tienes en tu mano? Y él respondió: Una vara"
Éxodo 4:2

I. El arado

La viga con un pedazo de fierro en uno de sus extremos era colocada sobre el yugo y servía para romper y dividir el terreno. El fierro podía servir como arma de guerra, por eso escuchamos al profeta Joel decir: "Forjad espadas de vuestros azadones, lanzas de vuestras hoces; diga el débil: Fuerte soy" Joel 3:10.

Efesios 6 nos dice que "la espada del Espíritu es la Palabra de Dios". Ella es ministrada a nuestros corazones y, como fierro y espada de doble filo que penetra y discierne las intenciones del corazón, va quebrantando y abriendo camino para que la semilla sea sembrada.

El Señor Jesús dijo: "Conoceréis la verdad [la Palabra] y la verdad os hará libre" Juan 8:32. A través de la Palabra de Dios, somos transformados. Esta es el espejo en la que nos podemos ver tal cual somos y dejar que, por la ministración del Espíritu, nos enseñe la voluntad de Dios y nos lleve al crecimiento necesario para tomar posesión de las promesas de prosperidad que Él nos ha dado.

Recordemos lo que mencionamos en el capítulo anterior acerca de lo que nos dice el salmista en Salmos 1:

> *Sino que en la ley de Jehová está su delicia, Y en su ley medita de día y de noche. Será como árbol plantado junto a corrientes de aguas, Que da su fruto en su tiempo, Y su hoja no cae; Y todo lo que hace, prosperará.*
> *vv. 2-3*

Cuando la Palabra de Dios esté presente en nuestras

vidas, nos impartirá la sabiduría y la dirección que necesitamos. Esta nos coloca en línea con la perfecta voluntad de Dios. Jesús nos mandó a escudriñar las Escrituras porque en ellas encontraremos la vida. En otras palabras, en ellas encontraremos la verdadera razón de vivir, en ellas seremos completos y a través de ellas hallaremos el camino que Dios ya ha trazado para nosotros y entenderemos cómo somos parte de este plan glorioso de redención.

Usted y yo hemos sido llamados a ser colaboradores en la obra de evangelización del mundo, por eso Dios quiere bendecirlo y prosperarlo.

El efecto poderoso de la Palabra

"Toda la Escritura es inspirada por Dios, y útil para enseñar, para redargüir, para corregir, para instruir en justicia, a fin de que el hombre de Dios sea perfecto, enteramente preparado para toda buena obra" 2 Timoteo 3:16-17

En lo personal, la Palabra de Dios ha sido de gran bendición en mi vida. No solo me ha transformado, sino que ha sido de consolación en muchos momentos difíciles. En una ocasión, participé en una exposición cristiana a la cual llegué con mi corazón cargado por los afanes y las preocupaciones del diario vivir.

Recuerdo claramente que subí a mi habitación del hotel, caí sobre mis rodillas y le pedí a Dios que levantara esa carga que sentía. Cuando terminé de orar, bajé para regresar a la exposición y, pasando por las salas de conferencias, me enteré que en una de ellas se estaba celebrando un maratón bíblico, donde en ochenta horas se esperaba que un hermano en particular, tomando muy pocos descansos, leyera la Biblia desde Génesis hasta Apocalipsis.

Debido a otras responsabilidades, no podía estar allí todo el tiempo, pero propuse en mi corazón asistir lo más que me fuera posible.

Con el transcurso de los días, un cambio comenzó a ocurrir en mí a causa de escuchar la lectura de las Escrituras. La Palabra, la cual es viva y es verdad, comenzó a ministrar mi corazón, y aquella carga fue levantada. No solo me sentía libre, sino que contaba con nuevas fuerzas, llena de fe y dispuesta a continuar el trabajo que Dios había puesto en mis manos.

"Así que la fe es por el oír, y el oír, por la palabra de Dios" Romanos 10:17

Para poder recibir una cosecha de bendición, es necesario sembrar en fe, y esta viene y es fortalecida a través del estudio y escudriño de la Palabra de Dios.

La Palabra nos hace crecer

"Y si hijos, también herederos; herederos de Dios y coherederos con Cristo, si es que padecemos juntamente con él, para que juntamente con él seamos glorificados"

Romanos 8:17

Anteriormente, mencionamos que si el heredero es un niño, no puede administrar lo que por derecho le corresponde. Usted y yo somos coherederos junto con Cristo de las bendiciones celestiales, por eso debemos crecer espiritualmente para tomar posesión de nuestra herencia.

Para que el heredero pueda administrar los negocios de la familia, debe adquirir ciertas destrezas que lo capaciten no solo a tomar decisiones sabias, sino a que, una vez que la herencia esté en sus manos, sea un buen administrador de ella y pueda multiplicarla a ciento por uno.

La Palabra de Dios nos da conocimiento y destreza necesarios para poder administrar las bendiciones que el Señor tiene para nosotros. En mi propia experiencia, he visto cómo Él me ha bendecido poco a poco, dándome sabiduría y destreza necesarias para administrar las bendiciones que puso en mis manos.

Sin embargo, además de adquirir conocimiento espiritual, debemos adquirir conocimientos prácticos que nos ayuden a ser mejores mayordomos de estas bendiciones. Más adelante en este libro, discutiremos algunas de esas destrezas.

II. El yugo

El arado se colocaba en el yugo, que no era otra cosa que un pedazo de madera que se ponía en el pescuezo de los bueyes. El yugo mantenía a ambos animales juntos en coordinación para hacer el trabajo en la tierra.

De igual manera, el creyente necesita de esa conexión espiritual con su congregación y pastor.

> *"¡Mirad cuán bueno y cuán delicioso es habitar los hermanos juntos en armonía!"*
> *Salmos 133:1*

El correr de la bendición

> *"Es como el buen óleo sobre la cabeza, El cual desciende sobre la barba, La barba de Aarón, Y baja hasta el borde de sus vestiduras" Salmos 133:2*

El salmista nos dice que habitar los hermanos juntos es como el buen ungüento que desciende sobre la barba de Aarón. En los tiempos de antiguos —y aún en la actualidad—, el método que se utilizaba para ungir a sacerdotes y reyes era vaciar el cuerno de la unción sobre su cabeza. El aceite corría hasta llegar al borde de las vestiduras. La verdad bíblica que aquí se encierra es que la bendición debe ser derramada primeramente en la cabeza, la cual es el pastor, y luego correrá por toda la congregación.

La bendición no puede venir sin que haya una revelación de parte de Dios, y esta, la mayor parte de las veces, viene a través de la Palabra, ya sea enseñada o predicada por el hombre o la mujer de Dios. Para que usted sea prosperado, necesita en primer lugar recibir y aceptar en fe el mensaje de bendición y prosperidad que el Señor revela en su Palabra. Pero este mensaje no llegará a usted si no tiene redil. Aun más, tenga en cuenta que el propósito primordial de parte de Dios en prosperarlo es que se convierta en canal de bendición en su obra. Para ello usted debe estar conectado espiritualmente a una visión particular dada por Dios. Si no tiene congregación, no tiene pastor, y sin el hombre de Dios, no hay visión.

Cuando llegó la noche de aquel mismo día, el primero de la semana, estando las puertas cerradas en el lugar donde los discípulos estaban reunidos por miedo de los judíos, vino Jesús, y puesto en medio, les dijo: Paz a vosotros.

Y cuando les hubo dicho esto, les mostró las manos y el costado. Y los discípulos se regocijaron viendo al Señor. Entonces Jesús les dijo otra vez: Paz a vosotros. Como me envió el Padre, así también yo os envío. Y habiendo dicho esto, sopló, y les dijo: Recibid el Espíritu Santo. A quienes remitiereis los pecados, les son remitidos; y a quienes se los retuviereis, les son retenidos. Pero Tomás, uno de los doce, llamado Dídimo, no estaba con ellos cuando Jesús vino. Juan 20:19-24 (énfasis añadido)

En este pasaje, vemos claramente cómo Tomas perdió la bendición, no recibió la visión junto con los demás discípulos por no haber estado en el aposento.

Toda oveja necesita un redil, lugar donde puede ser protegida y recibir pastos verdes y agua fresca. Allí no solo podrá producir buena lana y leche, sino también multiplicarse. Recuerde que Dios tiene un plan perfecto y no puede ser cumplido si usted no hace yugo con una congregación y su pastor. En los últimos años, hemos visto a muchos creyentes convertidos en "llaneros solitarios", que cabalgan sin dirección ni propósito; o peor aún "saltan" de una congregación a otra sin establecerse. Es necesario que nos examinemos y dejemos que sea Dios quien reine en nuestras vidas y decisiones.

El denominador común

Porque así como el cuerpo es uno, y tiene muchos miembros, pero todos los miembros del cuerpo, siendo muchos, son un solo cuerpo, así también Cristo.

> *Porque por un solo Espíritu fuimos todos bautizados en un cuerpo, sean judíos o griegos, sean esclavos o libres; y a todos se nos dio a beber de un mismo Espíritu. Además, el cuerpo no es un solo miembro, sino muchos. 1 Corintios 12:12-14*

Todos hemos sido colocados en el Cuerpo y somos miembros los unos de los otros. Cada órgano necesita de los otros órganos directa o indirectamente para poder funcionar de manera correcta. Dios ha trazado un plan específico para usted en una congregación en particular. Muchas veces culpamos a los ministros cuando el problema está en nosotros. Solo piense, usted ha sido miembro de tres o más congregaciones, con diferentes pastores, y aún tiene problemas. Cada uno de estos lugares ha sido diferente, lo único común entre ellos es que usted ha estado allí; en las matemáticas, eso se conoce como denominador común —en este caso, usted.

Enyúguese

"Mejores son dos que uno; porque tienen mejor paga de su trabajo. Porque si cayeren, el uno levantará a su compañero; pero ¡ay del solo! que cuando cayere, no habrá segundo que lo levante" Eclesiastés 4:9-10

El sembrador con experiencia le dirá que no haga yugo desigual colocando un buey y un asno juntos. Tampoco utilizaría a un buey solo. Es menester que seamos humildes y nos coloquemos en el yugo.

Dios mismo en su Palabra nos exhorta: "Sométase toda persona a las autoridades superiores; porque no hay autoridad sino de parte de Dios, y las que hay, por Dios han sido establecidas" (Romanos 13:1).

¿Es oveja o macho cabrío?

"Mas en cuanto a vosotras, ovejas mías, así ha dicho Jehová el Señor: He aquí yo juzgo entre oveja y oveja, entre carneros y machos cabríos" Ezequiel 34:17

Cuando el Hijo del Hombre venga en su

> *gloria, y todos los santos ángeles con él,*
> *entonces se sentará en su trono de gloria,*
> *y serán reunidas delante de él todas las*
> *naciones; y apartará los unos de los otros,*
> *como aparta el pastor las ovejas de los*
> *cabritos. Y pondrá las ovejas a su derecha,*
> *y los cabritos a su izquierda.*
> *Mateo 25:31-33*

En la antigüedad, se acostumbraba a mantener a los cabros junto con las ovejas. Estos, al igual que las ovejas, proveen lana, leche y buena carne, sin embargo siempre tienden a tener un espíritu independiente y agresivo. Aun dentro del rebaño, maltratan y golpean a las otras ovejas.

Jesús mismo utilizó a ambos animales como ejemplo al referirse a la venida del Hijo del Hombre. Por eso, hoy lo llamo a reflexionar y examinarse una vez más; pregúntese: ¿soy cabro u oveja?

Dios no va a bendecir ni a prosperar a aquellos que, como cabros, van haciendo lo que mejor les parece y a su vez hieren las otras oveja.

III. El aguijón

Y para que la grandeza de las revelaciones no me exaltase desmedidamente, me fue dado un aguijón en mi carne, un mensajero de Satanás que me abofetee, para que no me enaltezca sobremanera; respecto a lo cual tres veces he rogado al Señor, que lo quite de mí.

Y me ha dicho: Bástate mi gracia; porque mi poder

se perfecciona en la debilidad. Por tanto, de buena gana me gloriaré más bien en mis debilidades, para que repose sobre mí el poder de Cristo.

> *Por lo cual, por amor a Cristo me gozo en las debilidades, en afrentas, en necesidades, en persecuciones, en angustias; porque cuando soy débil, entonces soy fuerte. 2 Corintios 12:7-10*

El aguijón consistía en una vara con filo en la punta, la cual el sembrador utilizaba para que los bueyes se movieran más rápido. No vamos a tomar posesión fácilmente de las promesas y bendiciones de prosperidad que Dios promete. La Palabra de Dios nos dice "el reino de los cielos sufre violencia, y los violentos lo arrebatan" Mateo 11:12. Arrebatar nos habla de lucha, de esfuerzo constante.

> *"... En el mundo tendréis aflicción; pero confiad, yo he vencido al mundo" Juan 16:33*

A nuestras vidas, llegarán pruebas y circunstancias que nos motivarán a buscar de esa prosperidad en Cristo y que probarán nuestra fe. Recuerde que el justo vive por su fe. Por fe recibimos la salvación de nuestras almas, por fe recibimos la sanidad de nuestros cuerpos y somos usados por Dios. Por la fe, recibimos la Palabra y abrazamos todas sus promesas, aunque estas se vean imposibles ante el ojo humano. Por esa misma fe, traemos los diezmos y las ofrendas al alfolí, creyendo que Dios cumplirá su promesa de abrir las puertas de los cielos. Por fe sembramos creyendo que con la misma medida que damos se nos dará.

Nuestra fe es probada

En cuanto a las promesas de prosperidad, el aguijón se manifiesta cuando perdemos nuestros trabajos, las facturas se acumulan, y los acreedores no dejan de llamar, aun cuando hemos sido fieles en nuestros diezmos y ofrendas. El aguijón viene y parece ser que la ayuda se tarda, y cuando llega es apenas para cubrir el gasto. ¿A qué se debe esto? A que tenemos que ser probados en nuestra fe de creerle a Dios en su Palabra. La prueba siempre saca a flote lo que en realidad hay en nuestros corazones. El aguijón mostrará si damos sin esperar nada a cambio, o si vamos en busca de los panes y los peces. En medio de la prueba, somos pinchados por el aguijón que demuestra al mundo y a todos los que nos rodean lo que está verdaderamente en nuestros corazones.

Es cierto que nos veremos llenos de dudas y con muchas preguntas delante de Dios, pero si nos mantenemos firmes, obtendremos la victoria. En lo personal, mi esposo y yo fuimos probados una y otra vez en esta área, y aunque hubo momentos en los cuales no sabíamos cómo íbamos a cubrir el gasto y nos dejábamos llevar por la duda (especialmente yo), Dios se glorificó y nos sacó hacia adelante.

Déjeme serle sincera. Mi esposo y yo no somos perfectos, tuvimos que ser probados en muchas áreas. En unas crecimos y en otras nos falta mucho por recorrer. Por eso me identifico mucho con Filipenses 1:6 que dice: "estando persuadido de esto, que el que comenzó en vosotros la buena obra, la perfeccionará hasta el día de Jesucristo". Es una obra constante, y como dijo Pablo, "no pretendo haberlo alcanzado", sino que "prosigo hacia adelante" Filipenses 3. Comparo nuestro caminar en Cristo como una escuela: antes de pasar al próximo nivel, debemos tomar un examen; si pasamos, somos promovidos, si no, tenemos que repetir el grado. Lo interesante de todo esto es que somos probados conforme a nuestra carrera en particular. El examen es individual, y los resultados no tienen que ser los mismos. ¡Aleluya a Dios por ello!

Tiempo para todo

Todo tiene su tiempo, y todo lo que se quiere debajo del cielo tiene su hora (…) Todo lo hizo hermoso en su tiempo; y ha puesto eternidad en el corazón de ellos, sin que alcance el hombre a entender la obra que ha hecho Dios desde el principio hasta el fin. Eclesiastés 3:1 y 11.

Si usted ha tenido el privilegio de estudiar en un Instituto Bíblico, allí aprendió acerca de las Dispensaciones. Estas son las divisiones de los tiempos respecto a una revelación divina de la voluntad de Dios. En otras palabras, Dios nos revela su voluntad, y somos probados antes de poder recibir la bendición. Personalmente, creo que el caminar del creyente en Cristo está dividido en Dispensaciones, es decir, etapas donde se nos prueba en el área de la fe, la salud, la sanidad interior, la prosperidad y provisión, entre otras.

De igual manera, en las promesas de prosperidad, el aguijón será utilizado para que nos movamos en fe y tomemos las bendiciones que Dios ya ha preparado para nosotros.

> *"Y Josué dijo a los hijos de Israel: ¿Hasta cuándo seréis negligentes para venir a poseer la tierra que os ha dado Jehová el Dios de vuestros padres?" Josué 18:3*

En este pasaje del libro de Josué, encontramos al pueblo de Israel al otro lado del Jordán. La tierra ya había sido tomada, pero aún faltaba sectores por entregar. Por eso Josué pregunta hasta cuándo serían negligentes en ir a tomar la tierra que Dios les había prometido.

El Señor tiene grandes bendiciones para nosotros, pero es menester que nos levantemos y tomemos posesión de ellas. No se sorprenda cuando vea la adversidad, si se mantiene firme, creyendo, la bendición vendrá.

En el campo, el sembrador enfrenta ladrones, sequía, inundaciones, langostas y otros animales que dañan el sembradío; de igual manera en lo espiritual, vendrán adversidades que querrán detener la cosecha, pero es necesario que nos mantengamos firmes en nuestra fe.

Mi esposo y yo hemos experimentado estas pruebas en más de una ocasión, en lo personal y en el ministerio. Particularmente en el ministerio, por un lado Dios lo guía a tomar pasos de fe, pero por el otro, los números no dan. Y como dice mi esposo, la lógica y la fe no son amigas.

Pero testifico que una y otra vez, cuando hemos decidido dar el paso de fe y creerle a Dios pese a las circunstancias, Dios cual fiel y verdadero, siempre llegó a tiempo abriendo puertas de bendición y proveyendo conformes a sus riquezas en gloria. Muchas veces parece que el dinero necesario para poder llevar a cabo la encomienda que Dios nos da no viene a tiempo, pero en el momento preciso, Él abre la puerta de bendición. Una y otra vez, puedo testificar que "… no he visto justo desamparado, ni su descendencia que mendigue pan" (Salmos 37:25).

¿Prueba o consecuencia?

"Porque la paga del pecado es muerte, mas la dádiva de Dios es vida eterna en Cristo Jesús Señor nuestro" Romanos 6:23

También tengamos en cuenta que no siempre el aguijón es enviado por Dios, sino que nosotros mismos, en nuestra mala administración de los bienes que Él ha puesto en nuestras manos, ocasionamos problemas financieros en nuestros propios hogares, ministerios y empresas. Nos convertimos en nuestros propios aguijones.

Toda acción produce una reacción. Por ejemplo, si usted presiona el pedal de aceleración de su auto, esto produce una "reacción", la cual mueve el auto hacia adelante o atrás en la velocidad, conforme usted ponga presión.

Si usted pone presión en sus tarjetas de créditos, la reacción es la factura al final del mes. No fue el diablo, o un aguijón, fue usted mismo y su falta de control y mala mayordomía. Todos somos culpables de ello, pero gracias le damos a Dios, el cual en su amor y misericordia —y porque desea lo mejor para nosotros y que seamos prosperados—, pone personas e instrucciones que nos llevan a una mejor administración de nuestro dinero.

> *"... coméis, y no os saciáis; bebéis, y no quedáis satisfechos..."* **Hageo 1:6**

CAPÍTULO III

PREPARAR EL TERRENO

"La había cercado y despedregado y plantado de vides escogidas…" Isaías 5:2

I. Arar

Pasad, pasad por las puertas; barred el camino al pueblo; allanad, allanad la calzada, quitad las piedras, alzad pendón a los pueblos.

He aquí que Jehová hizo oír hasta lo último de la tierra: Decid a la hija de Sion: He aquí viene tu Salvador; he aquí su recompensa con él, y delante de él su obra.
Isaías 62:10-11

Lo primero que el sembrador hace es arar la tierra, esto no es otra cosa que abrir el terreno para poder colocar la semilla. En la mayoría de los casos, este proceso es muchas veces difícil debido a la condición del terreno.

Usted y yo tenemos muchas cosas guardadas en nuestros corazones que solo pueden ser quitadas y sanadas a través de la ministración de la Palabra de Dios, la cual abre nuestro corazón y lo despedrega.

> *"Parte cayó en pedregales, donde no había mucha tierra; y brotó pronto, porque no tenía profundidad de tierra; pero salido el sol, se quemó; y porque no tenía raíz, se secó" Mateo 13:5-16*

De la misma manera que la semilla no puede producir si cae entre piedras, así sucederá si nuestros corazones no están limpios.

El poder de la Palabra

> *Porque la palabra de Dios es viva y eficaz, y más cortante que toda espada de dos filos; y penetra hasta partir el alma y el espíritu, las coyunturas y los tuétanos, y discierne los pensamientos y las intenciones del corazón.*
> *Hebreos 4:12*

Estudiemos detalladamente este versículo. Nos dice que la Palabra de Dios es:

Viva y eficaz: tiene vida y tiene efecto. No importan las circunstancias o el tema, en la Palabra de Dios hallamos la respuesta. El arado bien utilizado en las manos del sembrador es un instrumento muy útil. Sin este, el agricultor no podría abrir camino para la semilla. La Palabra de Dios es un elemento, en cuanto a la prosperidad se refiere. Recuerde que la bendición no viene sino a medida que crecemos en Cristo. Y este crecimiento no es posible sin la Palabra de Dios.

Cortante: al cortar estamos dividiendo, separando. Cuando escuchamos la Palabra de Dios, esta llega a nuestros corazones, cortando y abriendo camino. Si nuestro corazón no está abierto a la Palabra ni la acepta con un espíritu humilde, no recibiremos las promesas de Dios, ni estas se manifestarán en nuestras vidas.

Penetra: la Palabra de Dios no se queda en la superficie, sino que llega profundo, aun a lugares de nuestra alma de los que no estamos conscientes. El agricultor sabe que la semilla debe ser colocada profundamente en la tierra, para que germine. De igual manera, la Palabra de Dios debe estar profundamente arraigada en nuestros corazones para que lleve fruto.

Discierne: la Palabra identifica y entiende nuestros más íntimos pensamientos y secretos. El buen sembrador sabe si el terreno es bueno o malo, si tiene hongos o no. Cuando la Palabra de Dios penetra en nuestras vidas, nos hace ver la condición de nuestro terreno antes de sembrar.

"Pa atrás ni para tomar impulso"

El sembrador oriental araba de forma recta y caminaba hacia adelante sin mirar o caminar hacia atrás, ya que esto podía dañar el terreno, y más adelante tendría que enfrentar las consecuencias. De igual manera, el mismo Jesús nos dice en Lucas 9:62: "... Ninguno que poniendo su mano en el arado mira hacia atrás, es apto para el reino de Dios". El creyente siempre debe mirar hacia adelante, a la meta en Cristo Jesús, dejando todo lo que está atrás. Muchas veces nos vemos tentados como la mujer de Lot a mirar hacia atrás ya sea por remordimiento u orgullo.

Si prestamos atención a los errores, fracasos y pecados que hemos cometido en el pasado, estos pueden detenernos y afectar nuestras vidas.

Imagínese qué sucedería si el sembrador constantemente se detuviera a mirar hacia atrás a ver si las líneas en el terreno son precisas. Estas nunca lo son, por ello el sembrador tenazmente sigue hacia adelante abriendo camino, preparando su terreno. De igual manera, las líneas que dejamos atrás no son perfectas, pero con tenacidad debemos continuar hacia adelante. Si quiere tener una gran cosecha de bendición, debe avanzar, sin mirar atrás.

El pico

En ocasiones mientras el sembrador ara, se encuentra con piedras o lugares en los cuales no puede utilizar el asador. En ese momento, toma el pico y, doblado de rodillas, comienza a sacar con esfuerzo esas piedras que lo han detenido en su camino y que no dejarían que la semilla creciera.

Asimismo, en nuestros corazones, pueden haber piedras que son de tropiezo para que la semilla que sembramos germine.

Mi viña

*"La había cercado y despedregado y
plantado de vides escogidas..." Isaías 5:2*

En el cantar de la viña de Isaías, leemos que el Amado la plantó en una ladera fértil, sacó las piedras y le puso vallado. Muchas veces como creyentes, aún cargamos sentimientos muy profundos en nuestros corazones que deben ser sacados con pico. Sentimientos, tales como resentimientos, envidias, hipocresía, odio, amargura, falta de perdón, entre otros.

Es cierto que esas cosas no deben estar en nuestros corazones, pero seamos sinceros, bien sabemos que hay creyentes que, aunque levantan manos al santuario, estas no son manos limpias; que aunque adoran a Dios, no lo hacen con corazones puros; que hoy abrazan al hermano y mañana lo destruyen con palabras. Todo esto es señal de que hay piedras muy profundas en sus corazones.

Con el pico y de rodillas (ayuno y oración), y dirigidos por el Espíritu Santo, debemos sacar esas piedras que pueden ahogar nuestra semilla. Ahora con más esfuerzo físico y cerca del terreno, podemos ver esas cositas que están en nuestro corazón y cooperar con el Espíritu, que con espada (la Palabra) en mano, va dejando el terreno libre de todo aquello que pueda impedir que la semilla crezca.

Le repito, este proceso puede ser largo y doloroso, y requiere de nuestra cooperación y de que nos rindamos a la voluntad de Dios. Muchas veces puede que no sean tan solo piedrecitas sino "peñones" que han abarcado mucho espacio y están duramente arraigados. Son heridas de nuestra niñez o juventud, las cuales enterramos y dejamos en el olvido, pero aún siguen en nuestros corazones, haciendo peso e impidiendo que la buena semilla germine.

Sin un corazón limpio y puro, la semilla no germinará, y la cosecha no vendrá. Para este momento, muchos de ustedes han empezado a comprender por qué no han salido adelante. ¿Entiende ahora que todo va mucho más allá de simplemente poner una gran ofrenda en la canasta? Recordemos 3 Juan 2, donde nos dice: "… así como prospera tu alma". Le pregunto: ¿cuál es la condición de su alma? ¿Cuán prosperada está su alma?

II. Fertilizante

"Yo soy la vid, vosotros los pámpanos; el que permanece en mí, y yo en él, éste lleva mucho fruto; porque separados de mí nada podéis hacer" Juan 15:5

Una vez que el terreno está arado, limpio y listo para la semilla, hay que fertilizarlo, especialmente cuando ha sido utilizado una y otra vez. El terreno, al pasar los años, pierde sus nutrientes naturales, y el fertilizante ayuda a recuperar estos elementos.

Todo nosotros necesitamos de la vida —el nutriente— que viene a través de Cristo Jesús. En el Evangelio de Juan, capítulo 15, Jesús nos dice que fuera de Él nada podemos hacer. La única manera para poder producir frutos es permanecer en Él, ser parte de su Cuerpo y vivir una vida en santidad y justicia.

Fuera de la voluntad de Cristo, nada que emprendamos prospera. Josué 1:8 dice:

> *Nunca se apartará de tu boca este libro de la ley, sino que de día y de noche meditarás en él, para que guardes y hagas conforme a todo lo que en él está escrito; porque entonces harás prosperar tu camino, y todo te saldrá bien.*

Este versículo es claro. ¿Quiere prosperar? Medite y obedezca la Palabra de Dios para que todo le vaya bien y prospere.

No se equivoque, Dios no puede ser burlado. Él conoce nuestras intenciones y nuestros propósitos. No podemos tomarlo a Él y a su obra como banco de inversiones o juego de lotería, donde ponemos nuestro dinero esperando siempre ganancias. Sí, es cierto que Dios promete bendecirnos al ciento por uno, pero esto es para aquellos que son fieles, justos, lavados con la sangre de su Hijo y que viven una vida en santidad, buscando siempre agradar a Dios y dispuestos a convertirse en canales de bendiciones para otros y la obra del evangelio.

Elementos importantes

En la preparación del terreno, los siguientes elementos deben tenerse en cuenta:

El terreno: cuando elegimos el terreno, se debe tener en cuenta el tipo de semilla que se está utilizando y qué tipo de cosecha queremos recibir.

La semilla que Dios nos ha dado no podemos tirarla en cualquier terreno, porque posiblemente este no sea fértil. Como creyentes estamos comprometidos a traer nuestros diezmos y nuestra ofrenda a la congregación local donde recibimos el pan espiritual (ver Malaquías 3). Sin embargo, conforme Dios nos vaya prosperando y sin dejar de proveer en nuestra iglesia, podemos también apoyar otros ministerios. Esto lo podemos hacer bajo la dirección del Espíritu y mirando muy de cerca que dichos ministerios sean terrenos fértiles donde su semilla germinará y traerá fruto al ciento por uno.

¿Cómo sabemos si el terreno es fértil? La Palabra de Dios es nuestra guía. En primer lugar, este debe de cumplir con el propósito de que haya alimento, provisión y sustento para el hombre de Dios, y sobre todo se debe ver el fruto del trabajo de este ministerio en particular; en otras palabras, las almas deben de ser salvas.

Recuerde que el propósito principal de Dios de prosperarlo es para que usted sirva de bendición en el ministerio y para que las almas sean salvas.

El espacio: cuando se prepara el terreno, esto debe hacerse tomando en cuenta el tamaño de la planta que esperamos cosechar y el espacio que esta requiere para que crezca grande y frondosa. Debe haber espacio entre las líneas, y la distribución debe ser amplia.

De igual manera, debemos buscar la dirección del Espíritu para poder discernir cómo y en cuál ministerio debemos sembrar y distribuir nuestra semilla. Pero sea consciente de que usted debe ser fiel primero en su congregación local.

La profundidad: la profundidad del terreno es muy importante según el tipo de semilla.

Al momento de sembrar su semilla, estudie la profundidad del ministerio al cual ofrenda y qué impacto este hace en la comunidad y en las almas perdidas. Dios no nos ha llamado a sembrar para que otros se lucren sino para que el evangelio de su Hijo amado pueda ser llevado hasta el fin del mundo.

Delilah Crowder

CAPÍTULO IV

TIPOS DE SEMILLAS

"Y el que da semilla al que siembra, y pan al que come, proveerá y multiplicará vuestra sementera, y aumentará los frutos de vuestra justicia" 2 Corintios 9:10

En este capítulo, cubriremos un detalle muy importante a la hora de sembrar: el tipo de semilla.

El tipo de semilla y su calidad determinan el fruto que vamos a cosechar. Otros elementos que el sembrador debe llevar presente al seleccionar la semilla son la estación del año, el clima y el tipo de terreno, ya que no todas las semillas germinan bajo las mismas condiciones.

En cuanto a lo espiritual se refiere, no todo lo que sembramos es precisamente dinero, sino que, como veremos más adelante, usted puede sembrar amor y servicio, entre otras cosas.

En Marcos 12:41-45, dice:

> *Estando Jesús sentado delante del arca de la ofrenda, miraba cómo el pueblo echaba dinero en el arca; y muchos ricos echaban mucho. Y vino una viuda pobre, y echó dos blancas, o sea un cuadrante. Entonces llamando a sus discípulos, les dijo: De cierto os digo que esta viuda pobre echó más que todos los que han echado en el arca; porque todos han echado de lo que les sobra; pero ésta, de su pobreza echó todo lo que tenía, todo su sustento.*

De igual manera, esto nos enseña que muchas veces no importa la cantidad sino la disposición del corazón.

Miremos 2 Corintios 9:7-8, donde dice:

> *Cada uno dé como propuso en su corazón: no con tristeza, ni por necesidad, porque Dios ama al dador alegre. Y poderoso es Dios para hacer que abunde en vosotros toda gracia, a fin de que, teniendo siempre en todas las cosas todo lo suficiente, abundéis para toda buena obra.*

Punto 1: "… como propuso en su corazón: no con tristeza, ni por necesidad…". Entendemos que el Espíritu Santo habla a nuestros corazones, y Él mismo nos dirigirá conforme Dios nos haya bendecido y prosperado. Esto nos lleva al…

Punto 2: "… no con tristeza, ni por necesidad...". Nuestra ofrenda no debe traer cargas ni tristeza; en otras palabras, debemos también ser sabios y entender que en nuestra vida cotidiana tenemos responsabilidades que cumplir. No podemos tomar el dinero que es para la renta u otras facturas y depositarlo en la canasta de ofrenda. Esto nos convertiría en personas irresponsables, y dañaría el testimonio de Cristo en el mundo. Además va en contra de lo que nos enseña la Palabra de Dios en Mateo 22:21: "… Dad, pues, a César lo que es de César, y a Dios lo que es de Dios".

También nos dice: "… ni por necesidad…", por eso, no tome la canasta de ofrenda como si fuera un boleto de lotería o banco de inversión. Recuerde:

> *… Dios no puede ser burlado: pues todo lo que el hombre sembrare, eso también segará. Porque el que siembra para su carne, de la carne segará corrupción; mas el que siembra para el Espíritu, del Espíritu segará vida eterna. Gálatas 6:7-8*

Dios es el que escudriña nuestros corazones y conoce su condición y sus intenciones.

Punto 3: "… Dios ama al dador alegre". A Dios le agrada nuestra disposición cuando ofrendamos con alegría, porque con ello declaramos que somos conscientes de que aportamos para la obra del evangelio y de que nos unimos en el propósito que Él tiene de llevarlo por todo el mundo.

Recordemos lo que nos dice en Malaquías 3:10: "Traed todos los diezmos al alfolí y haya alimento en mi casa…". El alimento no es tan solo para el siervo de Dios que ministra pero también el alimento espiritual, La Palabra de Dios la cual debe ser llevada, y para ir hay que enviar, para enviar hay que tener con que. Enviamos a través de diferentes formas y medios, a través de viajes misioneros, de puerta en puerta, con campañas evangelísticas, con programas de radio y televisión, artículos en los periódicos, páginas de la Internet, dramas, música, programas para niños, consejería familiar, centros de rehabilitación de drogas, bancos de comida y muchos otros medios.

Tipos de ofrendas

El estudio de las ofrendas es amplio y extenso, por eso en este libro veremos solamente cuatro tipos de ofrendas básicas que nos darán un mejor entendimiento de la voluntad de Dios.

Las primicias

"Las primicias de los primeros frutos de tu tierra traerás a la casa de Jehová tu Dios..." Éxodo 23:19

Dios, bajo la Ley dada a Moisés, requería del pueblo de Israel que se presentara delante de Él con las primicias de sus frutos y ganado tres veces al año: durante las Fiestas de los Panes sin Levadura (cebada), la Fiestas de las Semanas o Pentecostés (trigo) y las Fiestas de las Cabañas (vendimias).

Y aunque nosotros ya no estamos bajo la Ley sino bajo la Gracia, cada una es estas fiestas y ceremonias tiene significado y bendiciones espirituales, de las cuales nosotros podemos apropiarnos hoy a través de Cristo Jesús, la simiente de Abraham.

Dios se agrada cuando traemos primicias y ofrendas de sacrificios, tales como las primeras ganancias de su negocio, la cantidad ganada en la primera hora de nuestro nuevo trabajo. Además de ello, una promesa de Dios en Proverbios 3:9-10 nos dice: "Honra a Jehová con tus bienes, Y con las primicias de todos tus frutos; Y serán llenos tus graneros con abundancia, Y tus lagares rebosarán de mosto" (énfasis añadido).

Miremos de cerca Romanos 11:16:

"Si las primicias son santas, también lo es la masa restante; y si la raíz es santa, también lo son las ramas".

Cuando tomamos las primicias (lo primero) y lo traemos a Dios, automáticamente se convierten en santas, separadas, benditas. Y como promesa de Dios, todo lo restante es santo y está bendecido.

Nuestra iglesia acostumbra dedicar los primeros veintiún días del año al ayuno y la oración. Cada uno de nosotros, dirigidos por el Espíritu Santo, decide cómo conducir este ayuno, ya sea parcial o total. Durante el periodo de ayuno y aun después, año tras año, vemos la mano de Dios obrar milagros, y muchos son salvos. Mi esposo y yo en lo particular traemos nuestras primicias —el equivalente a nuestro primer día de trabajo en el año— como ofrenda de gratitud que declara que sin Él nada podemos hacer y que todo nuestro sustento viene de Él.

Diezmos

"Traed todos los diezmos al alfolí y haya alimento en mi casa..." Malaquías 3:10

Sé que el tema del diezmo está bien cubierto y explicado en nuestras iglesias, pero no está de más tratarlo en este libro, para beneficio de aquellos que llevan poco tiempo en el Señor y los que aún no entienden la voluntad de Dios al respecto.

Diezmo viene del latín que significa "décimo". En otras palabras, es la décima parte o el diez por ciento de un todo.

En Deuteronomio 14:22, Dios dice: "Indefectiblemente diezmarás todo el producto del grano que rindiere tu campo cada año" (énfasis añadido). Indefectible quiere decir que no puede faltar ni dejar de ser. Tenga presente que toda desobediencia es pecado. El pecado no estuvo en el fruto que comieron Adán y Eva, sino en la desobediencia a las instrucciones que Dios les había dado. Vaya y lea cuidadosamente Deuteronomio 28, donde encontrará que Dios promete bendecirnos grandemente si obedecemos sus mandamientos, pero si no lo hacemos, vendrán consecuencias que traerán destrucción a nuestras vidas.

Hay personas que tienen el concepto erróneo de que diezmar era un mandamiento solo aplicable para aquellos que vivieron durante la era del Antiguo Testamento, ya que la Palabra no instruye hacer esto específicamente en el Nuevo Testamento. Sin embargo, miremos algunos textos a ver a qué conclusión llegamos.

En Mateo 23:23, Jesús dijo:

> *¡Ay de vosotros, escribas y fariseos, hipócritas! porque diezmáis la menta y el eneldo y el comino, y dejáis lo más importante de la ley: la justicia, la misericordia y la fe. Esto era necesario hacer, sin dejar de hacer aquello.* (Énfasis añadido)

Note que les indicó que deberían practicar la justicia, la misericordia y la fe sin dejar de practicar el diezmar.

Hebreos 7 nos habla del sacerdocio según el orden de Melquisedec. En primer lugar, esto tiene un significado tipológico conforme a Jesucristo, nuestro Sumo Sacerdote; pero en esta ocasión, veremos la alegoría conforme a nuestro diezmo. En el capítulo 14 del libro de Génesis, encontramos cómo Abram, después de recibir la victoria de manos de Dios, entregó los diezmos de todo el botín al rey de Salem y sacerdote, Melquisedec. Luego en Hebreos 7 encontramos que Jesucristo es ahora nuestro Sumo Sacerdote según el orden de Melquisedec, por lo tanto, no nos corresponde traer los diezmos y las ofrendas a un hombre sino a nuestro Señor y Sumo Sacerdote, Jesucristo. Cuando traemos los diezmos y las ofrendas, no debemos mirar al hombre o a la mujer que están delante de nosotros (aunque el mismo Dios dice en Lucas 10:7 que el obrero es digno de su salario), debemos mirar que nuestro acto de obediencia traerá bendición a nuestras vidas.

El diezmo y sus bendiciones

> *Y el sumo sacerdote Azarías, de la casa de Sadoc, le contestó: Desde que comenzaron a traer las ofrendas a la casa de Jehová, hemos comido y nos hemos saciado, y nos ha sobrado mucho, porque Jehová ha bendecido a su pueblo; y ha quedado esta abundancia de provisión. 2 Crónicas 31:10 (énfasis añadido)*

Una y otra vez en las Escrituras, encontramos que Dios promete bendecir a su pueblo si obedece sus mandamientos. En 1 de Juan 5:3, nos dice que "… este es el amor a Dios, que guardemos sus mandamientos; y sus mandamientos no son gravosos". En otras palabras, no traen cargas, no son difíciles de cumplir.

Como mi esposo acostumbra a decir, Dios no le pide algo sin darle nada a cambio. Y en la mayoría de los casos o en todos ellos, lo que Él le ofrece es mucho mejor. Si bien Dios le pide el diez por ciento, miremos lo que le da:

> *"Traed todos los diezmos al alfolí y haya alimento en mi casa. Y probadme ahora en esto, dice Jehová de los ejércitos…" (énfasis añadido)*

I. Versículo 10:

a. Abrir las ventanas de los cielos y enviar bendición hasta que sobreabunde, sin límites, rebose. No tan solo material sino espiritual. Abundancia de paz, gozo, amor, salud, etc.

II. Versículo 11:

a. Reprenderá por nosotros al devorador de nuestros bienes, todo aquello que viene a destruir nuestras posesiones.

b. No se destruirá el fruto de la tierra, ni la vid en el campo será estéril. La obra de nuestras manos, nuestro trabajo y negocios serán productivos, y tendremos promoción en todas las áreas de nuestras vidas.

III. Versículo 12:

a. Y todas las naciones nos dirán bienaventurados. El mundo nos verá y sabrá que hemos sido bendecidos por Dios.

b. Seremos tierra deseable, el impío mirará y deseará lo que tenemos, no tan solo lo material sino lo espiritual, principalmente.

Otras promesas incluyen:

Deuteronomio 28:2-3, 6-7, 13

Y vendrán sobre ti todas estas bendiciones, y te alcanzarán, si oyeres la voz de Jehová tu Dios. Bendito serás tú en la ciudad, y bendito tú en el campo (…) Bendito serás en tu entrar, y bendito en tu salir. Jehová derrotará a tus enemigos que se levantaren contra ti; por un camino saldrán contra ti, y por siete caminos huirán de delante de ti

(…) Te pondrá Jehová por cabeza, y no por cola; y estarás encima solamente, y no estarás debajo, si obedecieres los mandamientos de Jehová tu Dios...

Deuteronomio 8:18: "Sino acuérdate de Jehová tu Dios, porque él te da el poder para hacer las riquezas…".

Lucas 6:38: "Dad, y se os dará; medida buena, apretada, remecida y rebosando darán en vuestro regazo; porque con la misma medida con que medís, os volverán a medir".

2 Corintios 9:6: "… y el que siembra generosamente, generosamente también segará".

Filipenses 4:19: "Mi Dios, pues, suplirá todo lo que os falta conforme a sus riquezas en gloria en Cristo Jesús".

Eclesiastés 11:1: "Echa tu pan sobre las aguas; porque después de muchos días lo hallarás".

Ofrendas

El pueblo de Dios en su mayoría es muy fiel en los diezmos, pero en cuanto a las ofrendas se refiere, tenemos mucho que decir. Tenga presente que en Malaquías 3:8 Dios reprende al pueblo por no haberle sido fiel en diezmos y ofrendas.

¿Qué es ofrenda? No es sino don, dádiva, una porción que se dedica a Dios; sacrificio u holocausto, y en la mayoría de los casos, es algo que duele al darse.

Recordemos lo que nos dice la segunda carta a los corintios, capítulo 9: "... Dios ama al dador alegre" (v. 7). ¿Por qué al dador y no al diezmador? Porque se requiere mucha más fe y desprendimiento de nosotros al ofrendar que al diezmar. Quiero decir que, cuanto usted diezma, por lo general es una cantidad específica la cual ya ha establecido en su mente y presupuesto. Usted es consciente de que tal cantidad le corresponde a Dios. Pero al ofrendar, batallamos en nuestro interior, pensando que con tal suma de dinero podríamos comprar o pagar esto o aquello.

¿Se acuerda de la viuda en Marcos 12? Jesús dijo que ella había dado más porque había ofrendado todo lo que tenía y no lo que le sobraba.

Dios nos llama a tener un corazón como esta viuda, a que estemos dispuestos a darlo todo por Él. Muchas personas quieren ser usadas por Dios en gran manera en el ministerio, pero si no podemos ser fieles en lo poco, ¿cómo esperamos ser puestos sobre lo mucho? Dios quiere que nos convirtamos en medios de bendición para su obra, lo cual es un privilegio y una bendición para cada uno de nosotros.

¿Cómo debe ser nuestra ofrenda?

I. De corazón y de propia voluntad:

"Jehová habló a Moisés, diciendo: Di a los hijos de Israel que tomen para mí ofrenda; de todo varón que la diere de su voluntad, de corazón, tomaréis mi ofrenda"

Éxodo 25:1-2 (énfasis añadido).

"De los hijos de Israel, así hombres como mujeres, todos los que tuvieron corazón voluntario para traer para toda la obra, que Jehová había mandado por medio de Moisés que hiciesen, trajeron ofrenda voluntaria a Jehová" Éxodo 35:29 (énfasis añadido).

II. Honrando a Dios con ella:

"Dad a Jehová la honra debida a su nombre; Traed ofrendas, y venid a sus atrios" Salmos 96:8 (énfasis añadido).

III. Supliendo la necesidad:

"… para que la abundancia vuestra supla la escasez de ellos…" 2 Corintios 8:14.

IV. Sin tristeza:

"… no con tristeza…" 2 Corintios 9:7.

V. Generosamente:

"Pero esto digo: El que siembra escasamente, también segará escasamente; y el que siembra generosamente, generosamente también segará" 2 Corintios 9:6.

VI. Con acción de gracias a Dios:

"Porque la ministración de este servicio no solamente suple lo que a los santos falta, sino que también abunda en muchas acciones de gracias a Dios" 2 Corintios 9:12.

Limosnas

Las limosnas, u ofrendas de amor como las llamamos hoy día, es lo que damos por amor a Dios para socorrer una necesidad en particular. Lamentablemente, en la actualidad, el pueblo de Dios carece mucho de este tipo de ofrenda, sin embargo, es un mandamiento de Dios que también viene acompañado de promesas. Veamos.

Cuando haya en medio de ti menesteroso de alguno de tus hermanos en alguna de tus ciudades, en la tierra que Jehová tu Dios te da, no endurecerás tu corazón, ni cerrarás tu mano contra tu hermano pobre, sino abrirás a él tu mano liberalmente, y en efecto le prestarás lo que necesite. Guárdate de tener en tu corazón pensamiento perverso, diciendo: Cerca está el año séptimo, el de la remisión, y mires con malos ojos a tu hermano menesteroso para no darle; porque él podrá clamar contra ti a Jehová, y se te contará por pecado.

Deuteronomio 15:7-9 (énfasis añadido)

¿Cuánta necesidad vemos en nuestras iglesias y la pasamos por alto? Recuerdo la primera vez que leí este pasaje; me tocó mucho el corazón y me hizo entender por qué hay tanta carencia en medio de nuestras iglesia. Una y otra vez, vemos en la Escritura que debemos guardar nuestros corazones. Por lo tanto, entendamos que diezmar y ofrendar no es un asunto simplemente del bolsillo sino del corazón y el alma. Nuestro nivel de generosidad habla y refleja lo que está en nuestro interior. Recuerdo las palabras de nuestro Señor Jesucristo, cuando dijo que por sus frutos conoceremos a los demás. El fruto es lo que producimos, nuestras acciones. Si no actuamos con compasión por el necesitado, quiere decir que lo que hay dentro de nosotros no es puro ni bueno.

Entiendo que hoy día, se cumple lo que la Escritura nos dice: los corazones de muchos se enfriarán debido a la maldad de otros. Pero nosotros, como hijos de Dios, debemos buscar en oración que Él nos dé discernimiento y abra nuestros ojos cuando haya verdadera necesidad.

Proverbios 19:17 nos dice: "A Jehová presta el que da al pobre, y el bien que ha hecho, se lo volverá a pagar". ¿Qué mejor inversión que prestarle a Dios?

Al principio de este libro, nos preguntamos por qué no somos prosperados. Espero que, en esta instancia, ya haya entendido que este asunto conlleva mucho más que simplemente depositar el diezmo y la ofrenda en la canasta de colecta. Las Escrituras están llenas de instrucciones que debemos obedecer para ser bendecidos; de no hacerlo así, sufriremos las consecuencias. Proverbios 28:27 dice: "El que da al pobre no tendrá pobreza; mas el que aparta sus ojos tendrá muchas maldiciones". Usted posiblemente se considere pobre, pero si mira a su alrededor, tal vez encuentre a alguien con mayor necesidad.

Amor y servicio

¿Qué tal si no tiene dinero para ofrendar? Siembre la semilla más hermosa y grande que puede haber: amor y servicio.

La Ley de la Siembra y la Cosecha

"Porque tuve hambre, y me disteis de comer; tuve sed, y me disteis de beber; fui forastero, y me recogisteis; estuve desnudo, y me cubristeis; enfermo, y me visitasteis; en la cárcel, y vinisteis a mí" Mateo 25:35-36

Es triste ver que en nuestras iglesias nos concentramos mayormente en la edificación de santuarios grandes y bonitos, y nos olvidamos de suplir las necesidades de aquellos más desafortunados. También vemos cómo nos esmeramos en llevar el evangelio a las almas perdidas, pero las mandamos a casa con el estómago vacío. La necesidad espiritual de la viuda, el huérfano y el extranjero es suplida, pero la material, no. Hoy día la viuda es la mujer adulta que no tiene marido, el huérfano es el hijo de la madre soltera, y el extranjero es el joven que viene lejos y no tiene su familia cerca.

Me gustaría cerrar este capítulo con Salmos 41:1 que nos dice: "Bienaventurado el que piensa en el pobre; En el día malo lo librara Jehová".

CAPÍTULO V

SEMBRAR LA SEMILLA

"Pero esto digo: El que siembra escasamente, también segará escasamente; y el que siembra generosamente, generosamente también segará" 2 Corintios 9:6

La Palabra de Dios nos llama a sembrar generosamente y sin miserias. Aun va más allá, nos dice que si sembramos generosamente, de igual manera segaremos.

A la hora de sembrar, el labrador toma un saco grande con semillas y, con sus manos llenas, esparce ya sea el trigo o la cebada en el terreno que ha preparado de antemano. Esto lo hace porque sabe que, mientras más semillas caigan en la tierra, mucho más abundante será la cosecha.

*"Dad, y se os dará; medida buena,
apretada, remecida y rebosando darán
en vuestro regazo; porque con la misma
medida con que medís, os volverán a
medir" Lucas 6:38*

La Palabra de Dios nos dice que con la misma medida que demos, recibiremos. ¿Quiere ser prosperado? Bendiga con generosidad la obra de Dios y a aquellos necesitados, y verá cómo la mano del Señor obra para bendecirlo.

En el Evangelio de Mateo, capítulo 13, nuestros Señor Jesucristo nos trae la parábola del sembrador, la cual nos enseña algunos puntos que debemos tener en consideración a la hora de sembrar. Aquí se nos dice que, al sembrar, las semillas caían en varios lugares. Veamos.

El camino

*"Y mientras sembraba, parte de la semilla
cayó junto al camino; y vinieron las aves y
la comieron" Mateo 13:4*

En ocasiones los sembradíos estaban cerca de caminos principales que los viajeros utilizaban. Como el labrador esparcía su semilla generosamente, esta en ocasiones caía junto al camino, el cual no había sido arado. Allí iban los pájaros y se la comían.

De igual manera, si nuestra semilla cae en un terreno no arado, viene el enemigo y arrebata lo que ha sido sembrado en nuestros corazones. Si usted siembra su semilla bajo un ministerio que no está arado, no está llevando el evangelio como corresponde y solo utiliza los fondos para sus propias usuras. Usted simplemente está tirando la semilla y no tendrá cosecha.

En lo espiritual, es menester que nuestros corazones estén preparados para recibir la Palabra de Dios; de no ser así, nunca daremos frutos.

En pedregales

"Parte cayó en pedregales, donde no había mucha tierra; y brotó pronto, porque no tenía profundidad de tierra" Mateo 13:5

Esta es la semilla que cae en un terreno que no tiene profundidad y que, al crecer, no puede echar raíz y muere.

Así en nuestras vidas, la semilla es sembrada, pero si no echa raíces profundas, viene el sol y la quema. Vienen las pruebas, y con facilidad retrocedemos volviendo a nuestros delitos y pecados. También vemos en nuestras congregaciones que la Palabra de Dios no echa raíces profundas en ciertos hombres y mujeres. Estas raíces los cimentarían dentro del pueblo de Dios.

En mi país, tenemos muchas palmas de coco o palmeras, como les llaman en otros lugares. Recuerdo de niña que me gustaba ver cómo estas eran movidas de un lado para el otro por los vientos huracanados, pero sin ser arrebatadas del suelo. Mientras más fuerte era el viento, más bajo iban las palmeras, pero después de la tormenta volvían a su posición erguida. Esto se debe a que la palmera, al contrario de otros árboles, lleva sus raíces hasta lo más profundo de la tierra.

Usted y yo debemos aprender de la palmera y hacer raíces profundas bajo el ministerio o la iglesia donde Dios nos ha llamado.

Espinos

"Y parte cayó entre espinos; y los espinos crecieron, y la ahogaron" Mateo 7

Las tierras orientales están llenas de este tipo de arbusto, que es muy común ver en medio de los sembradíos. Cuando la semilla cae en medio de estos espinos y crece, al poco tiempo es ahogada.

Este ejemplo representa los afanes de este mundo y las riquezas engañosas que vienen a nuestras vidas y nos desvían del propósito principal de Dios para nosotros. De igual manera, lo podemos ver en corazones afanados por todas aquellas cosas que no son la voluntad del Señor. No se equivoque, usted puede trabajar arduamente dentro de la iglesia o el ministerio, y estar fuera de la voluntad de Dios. Por ello, debemos examinarnos constantemente para estar seguros de que todo lo que hacemos en la obra de Dios es para la gloria de Él y no para nuestro propio beneficio y deseo de renombre.

Los espinos crecían en medio del sembradío y, en muchas ocasiones, dañaban la cosecha. Aun en medio de la

Iglesia de Dios, hay hombres y mujeres que son como espinos: solo están para dañar la obra. Debemos preguntar en oración: ¿soy yo Señor?

Buena tierra

"Pero parte cayó en buena tierra, y dio fruto, cuál a ciento, cuál a sesenta, y cuál a treinta por uno" Mateo 13:8

La semilla que cae en buena tierra, la cual ha sido labrada, limpiada y preparada para el cultivo, da fruto.

El salmista nos dice que el hombre que no anda en caminos de pecadores, sino que vive una vida en santidad y justicia delante de Dios es como árbol plantado junto a corrientes de aguas, que da su fruto a su tiempo, y su hoja no cae. Así nosotros, al vivir vidas puras, con corazones dispuestos a servir a Dios con todas nuestras posesiones, somos bendecidos y prosperados.

Pero note que el fruto fue multiplicado en diferentes niveles, treinta, setenta y cien. Esto nos habla de que no todos van a recibir la misma recompensa o cosecha. Tenga presente que no todos los agricultores de una misma región van a tener la misma cantidad de cosecha. Esto se determina por el tipo de terreno, la clase de grano, cuánto haya trabajado el agricultor, la lluvia y la fertilidad de la tierra. Me duele en mi corazón escuchar predicadores decirle al pueblo que Dios quiere convertirlos a todos en ricos y millonarios. No nos engañemos, para esto se necesitan ciertos elementos y habilidades, que no todos poseen.

Proceso de germinación

Una vez que la semilla está en el terreno, y antes de dar fruto, debe pasar por lo que se conoce como germinación. Esto no es otra cosa que el proceso de crecimiento del embrión que se encuentra dentro de la semilla.

La germinación de la semilla depende de condiciones internas y externas. Los factores más importantes son la temperatura, el agua, el oxígeno y, en ocasiones, la luz o la oscuridad.

Durante el tiempo de germinación, el sembrador no ve nada, solo la tierra, la cual parece desolada. Hebreos 11:1 nos dice: "Es, pues, la fe la certeza de lo que se espera, la convicción de lo que no se ve". Me gustó aún más lo que la Biblia de Lenguaje Sencillo dice: "Confiar en Dios es estar totalmente seguro de que uno va a recibir lo que espera. Es estar convencido de que algo existe, aun cuando no podamos verlo" (énfasis añadido).

Esta es la fe del que siembra. Aunque todo parezca indicar que no está pasando nada, debemos creer las promesas de Dios y saber que simplemente estamos en tiempo de germinación.

Tenga presente que durante ese periodo todo parece como si estuviera muerto, pero en ese proceso de cultivo se efectúa lo más importante. Si no se completa, no hay cosecha.

Cuando Cristo estaba en la tumba, todo parecía indicar que no había esperanza; pero durante esos días, venció a la muerte, arrebató las llaves del infierno y trajo cautiva la cautividad. Sin esos días de oscuridad donde todo parecía haber muerto, el poderoso plan de salvación no hubiera sido completado. ¡Aleluya!

I. Agua

Ya sabemos que el agua es la Palabra de Dios que trae refrigerio y vida sobre la semilla que ha sido sembrada. La semilla contiene células que a su vez cargan el fruto. Cuando la semilla recibe agua, provoca que estas células crezcan y produzcan fruto.

La Palabra de Dios constantemente es depositada en nuestros corazones y confesada por nuestra boca para generar crecimiento en la semilla sembrada. Cuando confesamos diariamente la Palabra de Dios y las promesas de prosperidad que se encuentran en ella, regamos agua sobre la semilla que hemos sembrado. Hablaremos sobre este tema con otros detalles, más adelante en este libro.

II. Oxígeno

"Entonces Jehová Dios formó al hombre del polvo de la tierra, y sopló en su nariz aliento de vida, y fue el hombre un ser viviente" Génesis 2:7

La semilla necesita del oxígeno para generar el metabolismo que, a su vez, producirá la energía que traerá el fruto a la superficie.

Nuestro aliento de vida viene de Dios. Para tener una vida abundante y próspera, Dios debe estar presente en nuestro diario vivir. Debemos tener una intimidad diaria con Él. En Génesis leemos que Él sopló aliento de vida sobre el hombre; por eso, alejados de Él no podemos subsistir. Dios es nuestra energía que nos lleva a producir fruto. El fruto del Espíritu con sus elementos no es otra cosa que atributos de Dios. Estos, una vez desarrollados en nosotros, nos llevan a vivir vidas plenas.

III. Temperatura

La temperatura afecta el metabolismo de la célula y el nivel de crecimiento de la semilla. El tipo de semilla determina el nivel de temperatura que necesita para su crecimiento. Por esta razón, usted puede ver ciertos tipos de plantas que solo producen fruto durante el verano, y otras que los hacen durante el invierno.

Dios es muy claro en su Palabra en cuanto a la temperatura del creyente. El Señor nos llama en primer lugar a que debemos mantener el fuego del altar siempre ardiendo (ver Levítico 6:13). El fuego del Espíritu Santo debe estar en nosotros. En el tabernáculo, el fuego del altar se removía por la mañana y por la tarde. Esto nos habla de que, constantemente, debemos venir al altar de Dios a buscar de su presencia para que ese fuego se mantenga ardiendo.

En segundo lugar, nos advierte de no estar firmes en el fuego del Espíritu, y nos dice: "Pero por cuanto eres tibio, y no frío ni caliente, te vomitaré de mi boca" (Apocalipsis

3:16). En otras palabras, no debemos jugar a la religión, asistiendo a cultos, ministrando en el altar, pero contaminándonos con el mundo.

Es triste ver cómo la santidad de Dios se desvanece más y más en el cristiano de hoy. No me refiero simplemente a lo externo, lo cual es importante, sino a lo interno. La santidad no es algo que se alcanza, es un proceso continuo de purificación del creyente. En el libro de Levítico, Dios nos llama una y otra vez a ser santos; no en denominaciones o vestuario, sino en nuestra forma de vivir, en amor, integridad, pureza y bondad.

¿Quién subirá al monte de Jehová? ¿Y quién estará en su lugar santo? El limpio de manos y puro de corazón; El que no ha elevado su alma a cosas vanas, Ni jurado con engaño. El recibirá bendición de Jehová, Y justicia del Dios de salvación. Salmos 24:3-5

IV. Luz

"Luz para revelación a los gentiles, Y gloria de tu pueblo Israel" Lucas 2:32

"Para dar luz a los que habitan en tinieblas y en sombra de muerte; Para encaminar nuestros pies por camino de paz" Lucas 1:79

Muchas semillas parecen no ser afectadas por la luz. Pero en su mayoría, necesitan de esta para su germinación y crecimiento. Así, nosotros necesitamos de la luz del mundo, Cristo, para poder crecer y traer fruto.

El salmista decía: "Lámpara es a mis pies tu palabra, Y lumbrera a mi camino" Salmos 119:105. Necesitamos la dirección constante de Dios en todas las áreas de nuestra vida. La luz de Dios nos indica el camino que debemos seguir, aun en cuanto a ofrendar se refiere. La luz de Dios lo guiará en esta área de su vida.

V. Letargo

Muchas semillas, aunque tengan todas las condiciones favorables, pueden entrar en lo que se conoce como letargo. Esto significa que no germinarán aunque tengan agua, luz o buen terreno. Por ello, se recomienda sembrar generosamente, siempre teniendo en cuenta que no todas las semillas producirán al ciento por uno.

> *"Todo pámpano que en mí no lleva fruto,*
> *lo quitará; y todo aquel que lleva fruto, lo*
> *limpiará, para que lleve más fruto" Juan*
> *15:2*

Usted y yo estamos llamados a dar fruto. Cuando un árbol no da fruto, el sembrador lo corta y lo echa al fuego, pero al que da fruto lo limpia para que lleve más. Aunque el proceso de limpieza en nuestras vidas puede ser doloroso, pídale al Padre en oración que lo limpie para que no caiga en letargo y se quede sin frutos.

CAPÍTULO VI

ENEMIGOS DEL SEMBRADÍO

"pero mientras dormían los hombres, vino su enemigo y sembró cizaña entre el trigo" Mateo 13:25

El sembrador sabe que una vez que ha esparcido la semilla, aunque las condiciones del terreno se vean muy favorables, no se puede ir a dormir. No solo debe estar atento a que el terreno se mantenga con buena agua y reciba la luz necesaria, sino que debe mantener a sus enemigos lejos de su cultivo.

Usted y yo debemos estar alerta en oración constante para poder enfrentar y vencer los enemigos de nuestro fruto, aun las zorras pequeñas que no se ven.

Los pájaros

Todos vemos cómo los pájaros se mantienen constantemente cerca del sembradío buscando comer la semilla aun antes de que esté cubierta por el sembrador. Estos pájaros yo los identifico como hombres o mujeres que usan el evangelio para sus propios beneficios. En el nombre de Jesús, lucran y estafan al pueblo de Dios. Mi corazón se duele al ver cómo estas "aves de rapiña" han diversificado el evangelio y abusado del mensaje de prosperidad para alcanzar sus propósitos. Es cierto y no nos cabe duda de que Dios quiere bendecir a su pueblo, pero tenemos que ser sabios y siempre buscar la dirección del Espíritu antes de sembrar en ministerios fuera de nuestras congregaciones.

La cizaña

La cizaña es muy parecida al trigo, excepto por que su grano es negro. Es el peor enemigo del sembrador, ya que al crecer se puede confundir con el trigo. Una vez mezclados, son difíciles de separar.

Esta hierba tiene un sabor amargo y, cuando se mezcla con el trigo y es utilizada en la harina, puede causar vértigos y vómitos. La cizaña representa aquellas cosas que permitimos en nuestras vidas que contaminen y afecten nuestra unción y nuestra relación con Dios.

Uno de los primeros utensilios que encontramos al entrar en el Tabernáculo de reunión es el lavacro. Este nos recuerda que, aunque tenemos ciudadanía celestial, estamos peregrinando en este mundo y debemos venir constantemente a la cruz a ser lavados y purificados.

Nada contamina más nuestras vidas y la unción que Dios ha puesto en ella, como chismes, rencores, críticas y juicios. Usted puede ser un gran ofrendador, pero si su vida está llena de cizaña que trae sabores amargos a otros, no prosperará.

¿Recuerda que hablamos anteriormente que la condición de nuestros corazones afecta el nivel de prosperidad en nuestras vidas? Seamos sinceros con nosotros mismos y no dejemos que la cizaña se mezcle con nuestro trigo.

El fuego de la prueba

Las pruebas y circunstancias vienen a nuestras vidas como fuego purificador. Si no las aceptamos con fe, se pueden convertir en destruidoras de nuestra cosecha.

No podemos permitir que el fuego destruya la Palabra de fe que fue sembrada en nuestros corazones, dando lugar a la duda y el desaliento.

Animales pequeños

"Cazadnos las zorras, las zorras pequeñas, que echan a perder las viñas; Porque nuestras viñas están en cierne"
Cantares 2:15

En el sembradío, pueden llegar pequeños animalitos como la langosta y las zorras pequeñas.

La langosta viene en gran multitud, haciendo mucho ruido y destruyendo el sembradío a su paso. Por el otro lado, las zorras pequeñas destruyen el sembradío silenciosamente y por pedacitos. Cuando el sembrador se da cuenta, es demasiado tarde.

Comparo estos animalitos con los comentarios de incredulidad y desánimo que llegan a nuestras vidas, aun de parte de aquellos que profesan fe. Hombres y mujeres que no han abierto sus corazones a las promesas que Dios tiene para nosotros, que enseñan y predican que el creyente debe vivir una vida de sacrificios y carencias para poder llegar al cielo. No comprendo de dónde han sacado esto, si la Palabra de Dios nos dice claramente: "Amado, yo deseo que tú seas prosperado en todas las cosas, y que tengas salud, así como prospera tu alma"3 Juan 1:2.

Ladrones

"Pues sucedía que cuando Israel había sembrado, subían los madianitas y amalecitas y los hijos del oriente contra ellos; subían y los atacaban. Y acampando contra ellos destruían los frutos de la tierra" Jueces 6:3

En el pasaje anterior, leemos cómo los enemigos de Israel se levantaban contra ellos y destruían sus sembrados. De igual manera, nuestro enemigo Satanás se levantará para destruir lo que hemos sembrado.

En Malaquías 3, Dios lo llama el devorador. Aquí el Señor nos dice que cuando le robamos a Él, en diezmos y ofrendas, nos quedamos sin protección, dándole derecho al devorador a destruir nuestros bienes y a que el fruto de la vid no dé su fruto a tiempo. Sin embargo, si nos arrepentimos y obedecemos la Palabra de Dios que nos instruye a traer los diezmos y las ofrendas a su casa, Él mismo peleará nuestra causa reprendiendo al devorador por nosotros.

CAPÍTULO VII

SACRIFICIO Y ESFUERZO

"Los que sembraron con lágrimas, con regocijo segarán. Irá andando y llorando el que lleva la preciosa semilla. Mas volverá a venir con regocijo, trayendo sus gavillas"
Salmos 126:5-6

El proceso de sembrar y cosechar conlleva sacrificios y mucho esfuerzo. El sembrador en el campo no simplemente esparce la semilla y se retira a casa para regresar unos meses después a recoger la cosecha. Este, como hemos visto, trabaja arduamente preparando el terreno, y una vez listo y luego de regar la semilla, continúa trabajando aún con mucho más esfuerzo que al principio, regando el terreno, cuidándolo de los enemigos de la cosecha y sacando toda hierba mala que crezca en medio del sembradío.

Cuando usted y yo hayamos sembrado esto, será simplemente el principio de un proceso largo que forma parte de un grupo de elementos que determinarán su prosperidad. En la segunda parte de este libro, veremos qué hay que hacer una vez que la semilla ha sido sembrada.

> *"Por la mañana siembra tu semilla, y a la tarde no dejes reposar tu mano; porque no sabes cuál es lo mejor, si esto o aquello, o si lo uno y lo otro es igualmente bueno"*
> *Eclesiastés 11:6*

En este capítulo, quisiera corregir el concepto erróneo que se mueve en medio de los cristianos concerniente a recibir las bendiciones de Dios. Tenga presente que, aunque todo lo que recibimos de Dios es por medio de su gracia, en su mayoría las promesas del Padre requieren de cierta condiciones y cierto esfuerzo de parte de nosotros.

Me explicaré. A través de las Escrituras, generalmente leemos: "Si obedeciereis a los mandamientos que hoy te prescribo…". ¿Cuál es la condición? Obedecer a sus mandamientos para alcanzar la bendición. Déjeme exponer este punto al estilo caribeño: ¡si está sentado con las manos cruzadas, no espere ninguna bendición!

Mateo 7:7 dice: "Pedid [acción], y se os dará; buscad [acción], y hallaréis; llamad [acción], y se os abrirá". Vayamos más allá, en Jeremías 33:3 dice: "Clama [acción] a mí, y yo te responderé…". Recordemos que toda acción produce una reacción. Sin acción, no hay reacción. Sin oración, adoración y rendición no hay bendición.

Para que Dios pueda bendecirlo, tiene que existir el medio por el cual esa bendición llegue. Si su necesidad es financiera, el medio debe ser, por lo natural, su trabajo o negocio, a menos que usted sea uno de esos pocos bendecidos con un familiar rico que esta a punto de partir de este mundo y le ha prometido dejarle su herencia.

Una promesa muy poderosa de parte Dios se encuentra en Deuteronomio 8:18: "… acuérdate de Jehová tu Dios, porque él te da el poder para hacer las riquezas, a fin de confirmar su pacto…" (énfasis añadido). Es Dios quien nos da poder, habilidad, destrezas e intuición para prosperar en nuestros negocios y carreras profesionales. (Tenga en cuenta que no todos llegarán a ser ricos, pero todos tienen la habilidad de prosperar en su campo de trabajo y negocios).

Bueno, basta de rodeo, se lo voy a decir claramente: si no trabaja, no hay bendición. Las Escrituras en 2 Tesalonicenses 3:10 nos dicen: "… Si alguno no quiere trabajar, tampoco coma". También nos dice en el mismo capítulo: "A los tales mandamos y exhortamos por nuestros Señor Jesucristo, que trabajando sosegadamente, coman su propio pan" (v. 12 énfasis añadido).

Dios nos manda a que arduamente trabajemos para alcanzar las bendiciones espirituales y materiales, manteniendo un equilibrio, por supuesto.

Proverbios 6:9-11 dice:

> *Perezoso, ¿hasta cuándo has de dormir?*
> *¿Cuándo te levantarás de tu sueño? Un*
> *poco de sueño, un poco de dormitar, Y*
> *cruzar por un poco las manos para reposo;*

Así vendrá tu necesidad como caminante,
Y tu pobreza como hombre armado.
(Énfasis añadido)

Todo creyente debe estar presto, ser solícito y activo, y trabajar en el área que Dios lo ha llamado, ya sea en el ministerio o en lo secular.

Es posible que usted sea fiel en sus diezmos y ofrendas, y que su corazón sea puro y camine en justicia delante de Dios, pero si no pone manos a la obra, la bendición no llegará.

Proverbios 13:4 nos dice que "el alma del perezoso desea, y nada alcanza; Mas el alma de los diligentes será prosperada". Esto se aplica tanto en lo espiritual como en lo material. Si deseamos más unción, debemos tomar acción orando y ayunando para que Dios nos llene de su poder; si queremos promoción en el ministerio, debemos ser más solícitos y diligentes; si deseamos una posición de gerencia, debemos capacitarnos más y poner unas cuantas horas extras para que vean nuestro esfuerzo y nuestras destrezas.

Todos sabemos cómo Dios con mano poderosa comenzó a entregar al pueblo de Israel la tierra que le había prometido. En el libro de Josué, leemos cómo con victoria cruzaron el río Jordán, tomaron Jericó y muchas otras ciudades. Pero cuando leemos el capítulo 18, encontramos que había siete tribus que no habían tomado posesión de su territorio, por lo que Josué les dijo: "… ¿Hasta cuándo seréis negligentes para venir a poseer la tierra que os ha dado Jehová el Dios de vuestros padres?". Note que, aunque la promesa era de ellos, era menester que se levantaran y pelearan por su bendición.

En el libro de Daniel, leemos que él había hecho una petición delante de Dios, pero esta fue retardada porque el "príncipe de Persia" se opuso delante del ángel que venía con la respuesta. Si Daniel hubiera desistido en su oración, la bendición no habría llegado.

Una y otra vez, vemos en la Palabra de Dios y en las vidas de muchos creyentes que la perseverancia y el arduo trabajo traen victoria y bendición. Le pregunto: ¿cuál es su excusa? Dios le ha provisto de los medios necesarios para alcanzar la bendición. Es nuestra decisión levantarnos y tomar posesión de las promesas.

En el segundo libro de Reyes, capítulo 4, encontramos una mujer viuda con sus dos hijos, la cual debía mucho dinero a sus acreedores, y estos la amenazaban con quitarle a sus hijos y hacerlos sus siervos. Ella fue por ayuda al profeta de Dios, Eliseo. Este le preguntó qué tenía en su casa, y ella respondió solo una vasija de aceite. Eliseo le indicó que fuera y pidiera prestado de sus vecinas vasijas vacías —no pocas—, que entrara a su casa con sus hijos, echara el aceite en las vasijas hasta que se llenaran y las pusiera aparte. Ella hizo como él le indicó. Una vez que terminó, fue otra vez a Eliseo, y él le dijo que las vendiera y pagara a sus acreedores, y con el sobrante, viviera ella y sus hijos.

Aquí encontramos una mujer en necesidad, con deudas, sin marido y con dos hijos, de los cuales creemos eran pequeños porque no trabajaban. Ella recibió instrucción y tomó acción (en fe, por supuesto), y recibió recompensa. Piense por un momento qué hubiera sido de esta pobre viuda y sus hijos si ella hubiera decidido cruzarse de brazos y no hacer nada.

¿Cuántas veces Dios ha puesto en nuestras manos la bendición y la hemos dejado ir? Ya sea por pereza o por dejar las cosas para luego. El trabajo no va venir a tocar a su puerta, usted debe salir a buscarlo.

¿Dónde estaba Moisés cuando Dios lo llamó desde la zarza? Apacentando las ovejas de su suegro Jetro. ¿Qué me dice de Eliseo cuando Elías echo sobre él su manto? Arando con doce yuntas delante de sí. Por último, ¿qué estaban haciendo Pedro y su hermano Simón cuando Jesús los llamó a seguirlo? Echando la red al mar, porque eran pescadores.

Todos eran seres humanos, como usted y como yo, los cuales Dios usó con poder. A ninguno halló ocioso y sin ocupación. El Señor busca hombres y mujeres dispuestos a trabajar, ¿está usted dispuesto?

Sé que posiblemente sus pensamientos van de aquí para allá resonando en la Escritura que dice que "el justo por su fe vivirá". Pero le recuerdo lo que nos dice Santiago 2:17: "Así también la fe, si no tiene obras, es muerta en sí misma". Cuando nos movemos y accionamos en fe, estamos declarándole a Dios que le creemos y confiamos en Él.

Rahab creyó la promesa que le dieron los espías y que el Dios de Israel era poderoso para salvarla a ella y a toda su familia. Pero movida por su fe, tomó acción al colocar el cordón de grana en su ventana. Esta acción produjo no tan solo que ella y su familia fuesen libradas de la destrucción junto con toda la ciudad de Jericó, sino que fue la puerta para que posteriormente Rahab fuera bendecida al ser parte de la genealogía de Jesucristo.

Si usted ha sido fiel y ha sembrado mucho en el Reino de Dios, es hora de levantarse y tomar acción para que alcance su bendición.

CAPÍTULO VIII

REGAR EL SEMBRADÍO

"Porque como desciende de los cielos la lluvia y la nieve, y no vuelve allá, sino que riega la tierra, y la hace germinar y producir, y da semilla al que siembra, y pan al que come, así será mi palabra que sale de mi boca; no volverá a mí vacía, sino que hará lo que yo quiero, y será prosperada en aquello para que la envié" Isaías 55:10-11

En Isaías 55:10-11, se nos revela una verdad no solo natural sino espiritual. La lluvia viene del cielo para regar la tierra que ha sido sembrada y así, posteriormente, traer la cosecha. De la misma manera, la Palabra de Dios trabaja como agua que riega nuestra semilla (Efesios 5:26 "habiéndola purificado en el lavamiento del agua por la palabra)

Delilah Crowder
El poder de la palabra en el creyente

Nosotros hemos sido creados a imagen de Dios, tripartitos, en sabiduría, conocimiento y justicia; en espíritu, alma y cuerpo. Pero además de estos elementos, contamos con otros atributos que se manifiestan una vez que vinimos a Cristo y fuimos llenos del Espíritu Santo. Uno de estos atributos es confesar la Palabra de Dios, y que esta salga con poder y sea prosperada para lo que ha sido enviada ("… así será mi palabra que sale de mi boca; no volverá a mí vacía, sino que hará lo que yo quiero, y será prosperada en aquello para que la envié" Isaías 55:10-11).

Proverbios 18:21 nos dice que "la muerte y la vida están en poder de la lengua…"; usted y yo decidimos lo que vamos a escoger: muerte o vida. En otras palabras, en nuestra confesión radica un gran poder, el cual puede traer una gran cosecha de bendición a nuestras vidas.

No se confunda, esto no quiere decir que usted puede hacer como le plazca; Dios sigue siendo soberano, y su voluntad será manifestada sobre todas las cosas. Nosotros simplemente somos sus siervos y le asistimos en sus propósitos.

Proverbios 18:21 va más allá, nos llama a que demos vida con las palabras de nuestra boca. La confesión continua de bendición sobre la semilla que hemos sembrado traerá cosecha. Debemos constantemente confesar la palabra de Dios sobre cada circunstancia en nuestras vidas.

Leemos en el libro de los Jueces, capítulo 12, que los galaaditas tomaron los vados del Jordán. Los vados eran ciertas áreas donde el Jordán no crecía mucho y se podía pasar de un lugar a otro. Cuando los fugitivos de Efraín querían pasar, los de Galaad les pedían que dijeran Shibolet, que significa "río fluyente", pero estos decían Sibolet, "carga pesada". Entonces los tomaban y los degollaban, al punto que murieron cuarenta y dos mil de los de Efraín. Esos efrateos tuvieron el poder de la vida y la muerte en sus bocas.

Cruzar el Jordán es muestra de victoria y nos habla de tomar posesión de lo que Dios nos ha prometido. Pero en muchas ocasiones, justo cuando estamos enfrente de la bendición, la perdemos por nuestra falta de fe y por las palabras que salen de nuestra boca.

En Marcos 7:24-30, leemos cómo la mujer sirofenicia salió clamando a alta voz: "¡Señor, Hijo de David, ten misericordia de mí!", insistía aunque los discípulos la despedían. Y cuando el mismo Jesús le dijo que Él había venido solo a las ovejas perdidas de la casa de Israel, esta postrándose insistió diciendo: "¡Señor, socórreme!". Por su perseverancia y su determinación a no cruzarse de brazos y quedarse callada, esta mujer recibió su bendición. De igual manera, encontramos una y otra vez en las Escrituras hombres y mujeres que perseveraron hasta alcanzar la bendición.

> *"Mantengamos firme la esperanza que profesamos, porque fiel es el que hizo la promesa" Hebreos 10:23 NVI (énfasis añadido)*

Note aquí en Hebreos 10:23 que se nos llama a mantenernos firmes en la esperanza —lo que hemos creído—

profesando, es decir, confesando, creyendo y perseverando en las promesas que Dios nos ha dado.

En Marcos 11:23, Jesús dijo: "Porque de cierto os digo que cualquiera que dijere a este monte: Quítate y échate en el mar, y no dudare en su corazón, sino creyere que será hecho lo que dice, lo que diga le será hecho".

Es sorprendente que tomamos este pasaje en cuanto a salud, bendiciones para nuestras familias y para el ministerio, pero no tomamos la misma acción para reprender al enemigo que se levanta contra nosotros y, mucho menos, para confesar victoria y bendiciones en nuestras vidas. Es tiempo de que el hombre y la mujer de Dios recapaciten, paren de confesar derrota y tomen en sus manos las armas que Él nos ha dado. Con poder y autoridad, debemos tomar posesión de las bendiciones que Cristo nos dio declarando y regado la semilla que hemos sembrando con la Palabra de Dios.

Sin fe es imposible

"Pero sin fe es imposible agradar a Dios; porque es necesario que el que se acerca a Dios crea que le hay, y que es galardonador de los que le buscan" Hebreos 11:6 (énfasis añadido)

No podemos declarar la Palabra de Dios si no tenemos fe en esta. En la carta a los hebreos, se nos dice que sin fe es imposible agradar a Dios. Lea bien: imposible agradar a Dios. El que se le acerca debe creer que lo hallará. De la misma manera, debemos caminar en todas las áreas de nuestra vida. Ahora somos hijos de luz, coherederos del Reino juntamente con Cristo. Como hijos de Dios, tenemos derecho a sentarnos a la mesa y gozar de las bendiciones de nuestro Padre. No mendigue más, deseando la comida de los cerdos, cuando en casa de su Padre hay abundancia.

Filipenses 4:19 dice: "Mi Dios, pues, suplirá todo lo que os falta conforme a sus riquezas en gloria en Cristo Jesús". Note que dice "conforme", o sea "de la misma manera", de acuerdo a las riquezas en gloria. ¿Cree usted que Dios es rico y no tiene necesidad de nada? Crea entonces en su Palabra que nos dice que Él ha de suplir todas nuestras necesidades. Tengamos en cuenta que Él promete "suplir todo lo que nos falta"; los gustos son otro tema.

El vocabulario del creyente

Como creyente enfrentamos periodos de prueba en nuestras vidas. Tiempos donde debemos caminar en obediencia a la Palabra de Dios, aunque no veamos resultados. Haciendo esto —permaneciendo en la fe—, ganaremos terreno en la batalla y eventualmente cosecharemos con gozo y paz.

El vocabulario del creyente debe ser el de fe en todo tiempo, confesando y profetizando la Palabra de Dios sobre su vida, no el negativo y lleno de duda. Por eso, el creyente no se debe dejar llevar por los tiempos. Es cierto que debemos ser sabios, pero recuerde que quien tiene control de nuestras vidas es el Señor y, aunque la economía caiga, Dios ha de bendecirnos porque es su promesa para nosotros. Recuerde a Abraham e Isaac en Génesis capítulos 12, 13 y 26, cómo Dios los bendijo y prosperó aun en medio del hambre y la pobreza en la tierra.

Lluvias, lluvias y más lluvias

> *"... alegraos y gozaos en Jehová vuestro Dios; porque os ha dado la primera lluvia a su tiempo, y hará descender sobre vosotros lluvia temprana y tardía como al principio" Joel 2:23*

En la tierra de Palestina, hay tres temporadas de lluvias. La lluvia temprana que llega en octubre y noviembre prepara el terreno para la cosecha, como mencionamos en capítulos anteriores. Las fuertes lluvias de invierno, que por lo regular ocurren en los meses de diciembre a febrero, ayudan en el proceso de germinación. Y por último, lo que la Biblia llama la lluvia tardía, que cae en marzo y abril, justo antes de la cosecha, ayuda a que el grano madure y esté listo para ser recogido.

Por eso, vemos en la Palabra de Dios la mención de la lluvia tardía como bendición. Pero me gustaría enfocarme en el hecho de que, para poder tener una gran cosecha, eran necesarios los tres tiempos de lluvias. El sembrador sabía que cada uno de ellos era importante, y que sin estos la cosecha no sería la misma. Por esta razón, oímos al salmista una y otra vez pedir lluvia a Dios.

Usted como sembrador de la semilla debe tener esto en cuenta. Sabiendo que la Palabra de Dios es agua que riega su sembrado, debe constantemente confesarla, aun cuando no vea resultados. El sembrador riega la semilla, la cubre y espera por seis meses antes de poder recoger el grano. En la mayor parte del tiempo, especialmente durante el invierno, el terreno se ve vacío, desolado, pero el sembrador en fe, continúa regando, echando fuera los animalillos y esperando con ansias la primavera.

Mi amado habló, y me dijo: Levántate, oh amiga mía, hermosa mía, y ven. Porque he aquí ha pasado el invierno, Se ha mudado, la lluvia se fue; Se han mostrado las flores en la tierra, El tiempo de la canción ha venido, Y en nuestro país se ha oído la voz de la tórtola. Cantares 2:10-12

Ejemplos de cómo confesar la Palabra de Dios sobre su vida:

Somos cabeza y no cola, somos bendecidos en el campo y en la ciudad, al entrar y al salir (Deuteronomio 28).

Dios hace habitar en familia a los desamparados; saca a los cautivos a prosperidad (Salmos 68).

Dios desea que sea prosperado en todas las cosas, y que tenga salud, así como prospera mi alma (3 Juan).

Soy como árbol plantado junto a corrientes de agua, doy fruto a mi tiempo, y todo lo que hago prospera (Salmos 1).

Jehová es mi Pastor, y nada me faltará (Salmos 23:1)

CAPÍTULO IX

TIEMPO DE COSECHA

"Y sembró Isaac en aquella tierra, y cosechó aquel año ciento por uno; y le bendijo Jehová" Génesis 26:12

Por fin el tiempo esperado, se fue el frío, llegó el calor. ¡Es tiempo de cosechar! En el campo, el agricultor tiene que esperar el tiempo preciso de la cosecha para poder ver el fruto de su labor, pero con Dios es todo lo contrario. A pesar de que existe un tiempo de proceso, podemos ver que el Señor bendice nuestras vidas de manera constante. Como mencioné antes, esas bendiciones no son, precisamente, siempre materiales. Recuerde que definimos prosperidad como abundancia. Dios nos prospera con abundancia de paz, salud y muchas otras cosas. Por eso, a diario debemos estar atentos, con nuestros ojos espirituales abiertos, para que podamos ver esas bendiciones y darle gracias y alabanzas a Dios por ellas.

No importa cuánto tarde en venir la promesa, tengamos presente lo que nos dice Números 23:19: "Dios no es hombre, para que mienta, Ni hijo de hombre para que se arrepienta. El dijo, ¿y no hará? Habló, ¿y no lo ejecutará?". Dios es fiel, y sus promesas son verdaderas. Segunda de Corintios 1:20 nos dice que "… todas las promesas de Dios son en él Sí, y en él Amén…". Esperemos firmes en nuestra fe, aunque el invierno sea largo y frío, porque fiel es Dios que prometió que "Mientras la tierra permanezca, no cesarán la sementera y la siega, el frío y el calor, el verano y el invierno, y el día y la noche" (Génesis 8:22).

Colectar la bendición

Cuando el grano está maduro, es tiempo de cortarlo y recogerlo para llevarlo al trillador. Una vez más, vemos que la bendición requiere de un esfuerzo de nuestra parte. Simplemente, imagínese al agricultor en el campo, bajo el sol con la hoz (tipo de un machete) en la mano, cortando de un lado a otro. La bendición está delante de él, pero es necesario que se levante y la tome. Aun en nuestros tiempos modernos, que contamos con máquinas y tractores, estos no trabajan por sí solos, necesitan de la dirección humana para llevar producción.

El salmista dice en Salmos 23:5: "Aderezas mesa delante de mí en presencia de mis angustiadores…". Dios prepara para nosotros el banquete, pero debemos acércanos a la mesa y ser partícipes. Como Mefi-boset (2

Samuel 9), así hay muchos hijos de Dios que no están sentados a la mesa. Hoy lo llama el Rey y le dice: "No tengas temor, porque yo a la verdad haré contigo misericordia por amor, y te devolveré todas las tierras; y tú comerás siempre a mi mesa".

Colectar la bendición conlleva un proceso; mirémoslo de cerca.

Trillar el grano

Porque su Dios le instruye, y le enseña lo recto; que el eneldo no se trilla con trillo, ni sobre el comino se pasa rueda de carreta; sino que con un palo se sacude el eneldo, y el comino con una vara.

El grano se trilla; pero no lo trillará para siempre, ni lo comprime con la rueda de su carreta, ni lo quebranta con los dientes de su trillo. También esto salió de Jehová de los ejércitos, para hacer maravilloso el consejo y engrandecer la sabiduría.Isaías 28:26-29

Este proceso consiste en separar el grano de la paja, lo cual se obtiene golpeando el trigo con fuerza. En Isaías 28, Dios le promete a Jerusalén que, aunque le enseñará trillándola, no lo hará por siempre. Así Él ha de enseñarnos hasta que lleguemos a la "altura de ese hombre perfecto". El salmista en Salmos 23:4 exclama: "… Tu vara y tu cayado me infundirán aliento". El pastor usaba el cayado para traer a la oveja que se había salido del camino y, con la vara, la corregía. Esto lo hacía por amor y por el bien de la oveja.

En el Evangelio de Juan, Jesús nos dice: "Todo pámpano que en mí no lleva fruto, lo quitará; y todo aquel que lleva fruto, lo limpiará, para que lleve más fruto" (15:2). El proceso de limpieza conlleva sacar de nosotros y de nuestros corazones todo fruto de la carne, y llevarnos a que caminemos en el Espíritu.

Trabajemos toda la noche

Entró, pues, y está desde por la mañana hasta ahora, sin descansar ni aun por un momento (...) Espigó, pues, en el campo hasta la noche, y desgranó lo que había recogido, y fue como un efa de cebada. Ruth 2:7 y 17

Debemos esforzarnos y trabajar arduamente por nuestra bendición. Recordemos lo que nos dice Deuteronomio 8:18 que "... porque él [Dios] te da el poder para hacer las riquezas...". Es Dios quien nos da el poder y la habilidad, pero somos nosotros los que ponemos este poder en acción. Como Ruth debemos trabajar toda la noche y no dejar perder la bendición que Dios nos da.

La ley de la hospitalidad

"Cuando segareis la mies de vuestra tierra, no segaréis hasta el último rincón de ella, ni espigarás tu siega; para el pobre y para

*el extranjero la dejarás. Yo Jehová vuestro
Dios" Levítico 23:22*

Aquí se le instruía al pueblo de Israel a que, al recoger el grano, dejaran las esquinas para el pobre y el extranjero, para aquellos más necesitados.

Luego se levantó para espigar. Y Booz mandó a sus criados, diciendo: Que recoja también espigas entre las gavillas, y no la avergoncéis; y dejaréis también caer para ella algo de los manojos, y lo dejaréis para que lo recoja, y no la reprendáis.

Esto lo vemos claramente en el capítulo 2, versículos 15 y 16, del libro de Ruth, donde Booz da indicaciones de que dejaran del trigo para Ruth y Noemí. Una vez más, leemos en las Escrituras nuestra responsabilidad de proveer para aquellos más desamparados. Le repito nuevamente: la voluntad de Dios es bendecirnos para que nosotros, a la vez, seamos de bendición a otros.

Otro aspecto de la ley de la hospitalidad era dejar que los bueyes comieran de lo que caía en la tierra. Deuteronomio 25:4 nos dice: "No pondrás bozal al buey cuando trillare". El agricultor sin los bueyes no podía hacer el trabajo de trillar el grano. Necesitaba la fuerza de estos que lo llevaban hacia adelante. El apóstol Pablo en 1 Corintios 9:10-11 nos dice:

> *Pues por nosotros se escribió; porque con esperanza debe arar el que ara, y el que trilla, con esperanza de recibir del fruto. Si nosotros sembramos entre vosotros lo espiritual, ¿es gran cosa si segáremos de vosotros lo material?*

En este caso, nuestros pastores, a través de la Palabra de Dios, la consejería, mucha oración y su ardua labor, han arado y trillado en nuestras vidas y, por ello, son dignos de recibir de nuestra cosecha. Es triste ver cómo muchos cristianos cortan su bendición al no dar lo que es justo a sus pastores. Escuchemos la voz de Dios y seamos obediente a lo que nos dice 1 Timoteo 5:18: "... Digno es el obrero de su salario".

Déjeme explicarle con detalle a qué me refiero cuando digo que se corta la bendición. En Salmos 133:2, leemos: "Es como el buen óleo sobre la cabeza, El cual desciende sobre la barba, La barba de Aarón, Y baja hasta el borde de sus vestiduras". En el capítulo II hablamos de que la bendición no puede venir sin revelación de la Palabra de Dios, y que esta revelación, por lo general, viene a través de nuestros pastores y hombre y mujeres que Dios ha llamado a predicar y enseñar el evangelio. En otras palabras, estos siervos deben recibir de la bendición, ya que junto con nosotros han trabajado para que esta llegue a nuestras vidas.

Muchos de ustedes no ven llegar la bendición y se preguntan por qué. Aquí está su respuesta:

> *Sembráis mucho, y recogéis poco; coméis, y no os saciáis; bebéis, y no quedáis satisfechos; os vestís, y no os calentáis; y el que trabaja a jornal recibe su jornal en saco roto. Así ha dicho Jehová de los ejércitos: Meditad sobre vuestros caminos. Subid al monte, y traed madera, y reedificad la casa; y pondré en ella mi voluntad, y seré glorificado, ha dicho Jehová. Buscáis mucho, y halláis poco;*

y encerráis en casa, y yo lo disiparé en un soplo. ¿Por qué? dice Jehová de los ejércitos. Por cuanto mi casa está desierta, y cada uno de vosotros corre a su propia casa. Por eso se detuvo de los cielos sobre vosotros la lluvia, y la tierra detuvo sus frutos. Y llamé la sequía sobre esta tierra, y sobre los montes, sobre el trigo, sobre el vino, sobre el aceite, sobre todo lo que la tierra produce, sobre los hombres y sobre las bestias, y sobre todo trabajo de manos.
Hageo 1:6-11 (énfasis añadido)

Bendición al bendecir al hombre de Dios

Hay bendición cuando damos a los siervos de Dios. Todos sabemos al historia de Elías y la viuda de Sarepta de Sidón, cómo el día que llegó Elías, ella solo tenía un puñado de harina y un poco de aceite para cocinar para ella y su hijo; no tenía esperanza, pensaba que era su última comida y que morirían. Pero en obediencia al profeta de Dios, preparó el alimento, primero para él. "Y la harina de la tinaja no escaseó, ni el aceite de la vasija menguó, conforme a la palabra que Jehová había dicho por Elías" (1 Reyes 17:16). Esta mujer fue bendecida porque bendijo al siervo de Dios.

Las Escrituras hacen mención de otra mujer que bendijo a otro profeta y fue bendecida en gran manera. En mi opinión, esta mujer ha sido la única en la Biblia que recibió múltiples milagros y bendiciones de parte de Dios.

Leemos en 2 Reyes 4 a partir del versículo 8 que una mujer importante de la región de Sunem le rogó a su marido que le construyeran un aposento al profeta de Dios Eliseo, con cama, mesa, silla y candelero, para que este tuviera dónde descansar cuando pasara por la región.

Este acto produjo en esta mujer las siguientes siete bendiciones:

1. Concibió y dio a luz un hijo, aunque era estéril, y su esposo, avanzado en edad (2 Reyes 4:17).

2. Su hijo murió, pero fue resucitado (2 Reyes 4:34-37).

3. Fue advertida de que venía hambre a la región y que debía irse a otro lugar (2 Reyes 8:1).

4. Recibió protección en medio de los enemigos de Israel (2 Reyes 8:2).

5. Recibió provisión en medio del hambre por siete años (2 Reyes 8:2).

6. Se encontró en el lugar preciso en el momento correcto para la bendición (2 Reyes 8:4-5).

7. Todo lo que había perdido le fue restituido, aunque habían pasado más de siete años y, conforme a la ley, después ese tiempo, ella ya no tenía derechos (2 Reyes 8:6).

Todas estas bendiciones le llegaron porque, simplemente, tuvo en cuenta al profeta de Dios. Al meditar sobre esto, usted tendrá que estar de acuerdo conmigo en que hay bendición cuando obedecemos la Palabra y sus mandamientos.

Las Escrituras están llenas de ejemplos de cómo Dios bendijo una y otra vez a hombres y mujeres que de, una manera u otra, bendijeron a su vez a los hombres de Dios. Una de ellas fue Rahab, su vida y la de su familia fue perdonada por acoger a los espías israelitas; otra fue Abigail, quien también fue bendecida por proveer a David y a sus hombres.

Separar la paja del trigo

Una vez que el trigo es trillado y recogido, hay que separarlo de la paja. El agricultor hacía esto colocando el trigo en una pala ancha y aventándolo hacia arriba, al aire. El viento se llevaba la paja, y caía solo el grano, porque era más pesado ("… así los malos, Que son como el tamo que arrebata el viento" Salmos 1:4).

El proceso de santificación del creyente es continuo. Ninguno de nosotros hemos llegado a la perfecta santificación. Filipenses 1:6 es una de mis escrituras favoritas: "estando persuadido de esto, que el que comenzó en vosotros la buena obra, la perfeccionará hasta el día de Jesucristo". Esto me da esperanza: aunque aun estoy llena de imperfecciones, Él continuará haciendo la obra en mí hasta que sea perfecta en aquel día.

Aunque la bendición esté en nuestras manos, debemos aventarla al aire para que la paja —todo lo que no es justo— se la lleve el viento.

*"Su aventador está en su mano, y limpiará
su era; y recogerá su trigo en el granero,
y quemará la paja en fuego que nunca se
apagará"* Mateo 3:12

Cernir el grano

*"... Simón, Simón, he aquí Satanás os ha
pedido para zarandearos como a trigo, pero
yo he rogado por ti, que tu fe no falte; y tú,
una vez vuelto, confirma a tus hermanos"*
Lucas 22:31-32

Cuando se ha sacado la paja, todavía queda por separar el trigo de la cebada, la cizaña, el poco de tamo que todavía quede y una que otra piedrecita que haya venido cuando se recogió el trigo. En la Escritura anterior, leemos que Jesús le dejó saber a Pedro que Satanás lo había pedido para zarandearlo (cernirlo); así nosotros, en algún momento dado, seremos cernidos. Y aunque el proceso puede ser doloroso, lleno de pruebas y tribulaciones, debemos descansar en el Señor porque Él promete estar con nosotros.

Recordemos a Job y cómo también Satanás pidió tocarlo, pero al final su estado postrero fue más bendecido que el primero. Job exclamo: "De oídas te había oído; Mas ahora mis ojos te ven" (Job 42:5). Dios le restituyó a Job todo lo que había perdido y le dio el doble.

"pero mientras dormían los hombres, vino

*su enemigo y sembró cizaña entre el trigo, y
se fue" Mateo 13:25*

En los primeros capítulos de este libro, vimos que era necesario limpiar el terreno —nuestro corazón— antes de sembrar. Pero como el invierno es largo y viene lleno de tormentas, tornados, y muchos son los enemigos que quieren destruir el sembradío, cuando se recoge el trigo, este viene junto con sentimientos, heridas, rencores y remordimientos de deben ser cernidos para que podamos gozar de la bendición.

Los elementos del fruto del Espíritu deben ser desarrollados en nosotros, y esto se logra al ser sacudidos por las pruebas del la vida. Estas pruebas nos moverán a acercarnos a Dios en oración y a humillarnos para pedir ayuda. Cuando somos zarandeados, lo que verdaderamente está en nosotros sale a flote. En la prueba, nuestra fe es probada, y cómo reaccionamos habla de nuestro carácter y crecimiento en Dios.

Pedro fue rápido en responder: "… Aunque todos se escandalicen de ti, yo nunca me escandalizaré (…) aunque me sea necesario morir contigo, no te negaré…" (Mateo 26:33, 35). Sin embargo, antes de que amaneciera, en la prueba, Pedro negó tres veces a Jesús.

Seamos humildes y rindámonos al trato de Dios con nosotros a través de su Espíritu, para que cuando haya acabado la obra en nosotros, nos diga: "… Bien, buen siervo y fiel; sobre poco has sido fiel, sobre mucho te pondré; entra en el gozo de tu señor" (Mateo 25:21).

CAPÍTULO X

ADMINISTRAR LA BENDICIÓN

"Porque el reino de los cielos es como un hombre que yéndose lejos, llamó a sus siervos y les entregó sus bienes. A uno dio cinco talentos, y a otro dos, y a otro uno, a cada uno conforme a su capacidad; y luego se fue lejos" Mateo 25:14-15

La Palabra de Dios nos dice que "… se requiere de los administradores que cada uno sea hallado fiel" (1 Corintios 4:2). Usted y yo hemos sido bendecidos con posesiones terrenales, las cuales estamos llamados a administrar con integridad y sabiduría para la gloria de Dios.

Usted posiblemente ha recibido mucho enseñanza sobre el diez por ciento que le pertenece a Dios y no tiene en cuenta que también somos llamados a administrar con temor de Dios y sabiduría el otro noventa por ciento restante. Tengamos presente lo que nos dice la Escritura en Salmos 24:1: "De Jehová es la tierra y su plenitud; El mundo, y los que en él habitan". Su auto, su casa, su negocio y todas sus posesiones pertenecen a Dios.

La forma en la cual administramos nuestras finanzas y posesiones refleja nuestro carácter y nuestra fidelidad a Dios. En Mateo 25, leemos que a cada uno de los siervos se les entregó diferentes talentos, pero también a cada uno de ellos se les requirió dar cuentas cuando el Señor de la casa regresó.

Una vez que recibimos las bendiciones de Dios, y Él empieza a prosperarnos, debemos ser fieles y seguir sus indicaciones de cómo debemos administrar nuestras finanzas y posesiones.

> *"El que es fiel en lo muy poco, también en lo más es fiel; y el que en lo muy poco es injusto, también en lo más es injusto"*
> **Lucas 16:10**

Dios nos pone a prueba, así como nos enseña la Palabra sobre el hombre rico que dio talentos a sus siervos. Conforme ellos administraron sus talentos, recibieron recompensa. Note que al final de la parábola, al siervo infiel le fue quitado lo poco que tenía, y le fue dado a uno de los siervos fieles.

Si usted y yo no administramos nuestros bienes por muy pocos que sean, Dios no nos dará más bendición.

> *"Los pensamientos del diligente ciertamente tienden a la abundancia; Mas*

*todo el que se apresura alocadamente, de
cierto va a la pobreza" Proverbios 21:5*

Debemos pedirle a Dios que nos de sabiduría para administrar lo que Él ha puesto en nuestras manos; pero de igual manera debemos nosotros hacer el esfuerzo de adquirir también conocimiento secular sobre inversiones y administración de finanzas. Esto lo puede lograr informándose y leyendo libros sobre el tema.

Miremos de cerca lo que Dios nos llama hacer a través de su Palabra con nuestras finanzas una vez que hemos sido prosperados.

1. Darle la honra y la gloria a Dios

*"Sino acuérdate de Jehová tu Dios, porque
él te da el poder para hacer las riquezas,
a fin de confirmar su pacto que juró a tus
padres, como en este día"*
Deuteronomio 8:18

En cualquier circunstancia de nuestras vidas, debemos darle gracias a Dios. Tenemos que ser agradecidos en la abundancia y en la escasez. La Palabra de Dios no dice en Santiago 1:17 que "Toda buena dádiva y todo don perfecto desciende de lo alto, del Padre de las luces, en el cual no hay mudanza, ni sombra de variación". Por esta razón, debemos darle la honra y la gloria a Dios por todas las bendiciones que vienen a nuestras manos, porque haciendo esto reconocemos que nada es por nuestras propias fuerzas sino por su gran amor y misericordia para con nosotros.

En 1 Tesalonicenses 5:18 se nos dice: "Dad gracias en todo, porque esta es la voluntad de Dios para con vosotros en Cristo Jesús". A Él sea toda la gloria y la honra por los siglos de los siglos. ¡Aleluya!

2. Diezmar y ofrendar

Como hemos mencionado, y la Palabra de Dios nos llama a hacer, debemos honrar a Dios con nuestras primicias y el diez por ciento de nuestras ganancias, y con ofrendas.

En capítulos anteriores, ya hemos tocado este tema, pero simplemente por el beneficio de aquellos que aun tienen dudas en sus corazones sobre los diezmos y las ofrendas, aquí les presento varias escrituras:

> *"Indefectiblemente [que no se puede evitar] diezmarás todo el producto del grano que rindiere tu campo cada año"*
> *Deuteronomio 14:22*

Y al lugar que Jehová vuestro Dios escogiere para poner en él su nombre, allí llevaréis todas las cosas que yo os mando: vuestros holocaustos, vuestros sacrificios, vuestros diezmos, las ofrendas elevadas de vuestras manos, y todo lo escogido de los votos que hubiereis prometido a Jehová. Deuteronomio 12:11

> *"Y todo Judá trajo el diezmo del grano, del vino y del aceite, a los almacenes"*
> *Nehemías 13:12*

> *"Cada uno dé como propuso en su corazón:*

no con tristeza, ni por necesidad, porque
Dios ama al dador alegre" 2 Corintios 9:7

"Dad, y se os dará; medida buena,
apretada, remecida y rebosando darán
en vuestro regazo; porque con la misma
medida con que medís, os volverán a
medir" Lucas 6:38

3. Dad a César lo que es de César

Dios en su Palabra nos llama a que paguemos nuestros impuestos. Sin importar lo que usted crea, piense o esté pasando, debe ser obediente no solo a las leyes terrenales sino también a los mandamientos de Dios.

En Mateo 17:25-27, encontramos que le cobraban los impuestos a Jesús. Aquí vemos su reacción, que aunque no le tocaba pagar, pues los impuestos eran para los extranjeros, simplemente por no hacer caer a otros, Él pagó.

… Y al entrar él en casa, Jesús le habló primero, diciendo: ¿Qué te parece, Simón? Los reyes de la tierra, ¿de quiénes cobran los tributos o los impuestos? ¿De sus hijos, o de los extraños? Pedro le respondió: De los extraños. Jesús le dijo: Luego los hijos están exentos. Sin embargo, para no ofenderles, ve al mar, y echa el anzuelo, y el primer pez que saques, tómalo, y al abrirle la boca, hallarás un estatero; tómalo, y dáselo por mí y por ti.

Más adelante lo encontramos en una situación parecida, lo único que en esta ocasión, la pregunta vino para tentarlo.

En Mateo 22:21, vemos que los fariseos, tratando de sorprender a Jesús en alguna palabra, enviaron los discípulos de ellos a tentarle acerca de los tributos (impuestos) a César. Estos le preguntaron: "… Dinos, pues, qué te parece: ¿Es lícito dar tributo a César, o no?". A lo que Jesús respondió: "… ¿De quién es esta imagen, y la inscripción? Le dijeron: De César. Y les dijo: Dad, pues, a César lo que es de César, y a Dios lo que es de Dios".

Si usted no paga los impuestos de todo aquello que corresponde conforme ha sido bendecido, puede convertirse en "saco roto", perderá la bendición y no obtendrá más promoción. Aunque nuestra soberana autoridad es Dios, Él mismo nos manda en Romanos 13:1: "Sométase toda persona a las autoridades superiores; porque no hay autoridad sino de parte de Dios, y las que hay, por Dios han sido establecidas".

También en Tito 3:1 nos dice: "Recuérdales que se sujeten a los gobernantes y autoridades, que obedezcan, que estén dispuestos a toda buena obra". Estas autoridades no han sido puestas por los hombres sino por Dios; por eso, cuando no obedecemos a las autoridades, nos rebelamos contra lo que Él ha establecido.

Nosotros como hijos de Dios, lavados por la sangre de Jesucristo, debemos andar en integridad como representantes de Cristo aquí en la Tierra. No pagar nuestros impuestos es un delito que nos convierte en delincuentes y ladrones. Por lo tanto, nuestras manos no están limpias para levantarlas al santuario y adorar a Dios. ¿Tiene manos limpias? Le traigo a memoria las siguientes Escrituras:

*"ni los ladrones, ni los avaros, ni los
borrachos, ni los maldicientes, ni los
estafadores, heredarán el reino de Dios"
1 Corintios 6:10*

*"Porque los magistrados no están para
infundir temor al que hace el bien,
sino al malo. ¿Quieres, pues, no temer
la autoridad? Haz lo bueno, y tendrás
alabanza de ella" Romanos 13:3*

4. Ahorrar e invertir

*"Ve a la hormiga, oh perezoso, Mira sus
caminos, y sé sabio (...) Las hormigas,
pueblo no fuerte, Y en el verano preparan
su comida" Proverbios 6:6, 30:25*

Dios nos llama a aprender de la hormiga, la cual, aunque pequeña y débil, guarda comida para el invierno. Esa estación es representativa de tiempos malos, donde no hay cosecha ni lluvia, cuando, por la nieve, no se puede salir en busca del alimento.

Nosotros como creyentes debemos caminar con prudencia y sabiduría, sin confundir ni malinterpretar la fe y las promesas de provisión que Dios nos da en su Palabra. Sí, es cierto que Él promete suplir todas nuestras necesidades, pero también nos llama a ser buenos administradores y a estar al tanto de los tiempos.

En Génesis 41, encontramos cómo Dios dio a Faraón el sueño de las siete vacas gordas y las sietes vacas flacas, sueño que pudo interpretar José y que ayudó para que

Egipto almacenara alimento durante los años de abundancia. Cuando llegó el tiempo de escases, tenían no solo para ellos sino para vender a otros. De igual manera, nosotros debemos guardar no solo para los tiempos malos sino para que, en los años cuando nuestras manos no tengan fuerzas para trabajar, tengamos sustento.

Proverbios 10:3 nos dice: "Jehová no dejará padecer hambre al justo...", pero también dice: "... Y el alma negligente padecerá hambre" (Proverbios 19:15).

Leemos en Proverbios 21:20 en la Nueva Versión Internacional: "En casa del sabio abundan las riquezas y el perfume, pero el necio todo lo despilfarra". Ahorrar es hacer provisión para el mañana.

"El bueno dejará herederos a los hijos de
sus hijos..." Proverbios 13:22

Sé que en nuestra cultura hispana existe la tendencia a creer que los hijos deben ser responsables de sus padres cuando estos llegan a la ancianidad. Sin embargo, la Biblia alaba al hombre que deja herencia a los hijos de sus hijos.

En 1 Timoteo 5:8, se nos dice que "... si alguno no provee para los suyos, y mayormente para los de su casa, ha negado la fe, y es peor que un incrédulo". Dios nos llama a ser provisión para nuestro hogar, nuestros hijos y aquellos que dependen de nosotros.

En Mateo 25:14 en adelante, leemos la parábola de los talentos, donde el señor de la casa dio talentos a sus siervos. Y aunque esta parábola se aplica a lo espiritual,

La Ley de la Siembra y la Cosecha

también podemos aplicarla en lo natural. Como hijos de Dios, hemos recibido talentos, bienes y provisiones que estamos llamados a multiplicar. Aquí en Mateo vemos cómo aquellos siervos que invirtieron sus talentos fueron bendecidos, y el que lo enterró fue reprendido cuando el señor de la casa regresó. Seamos siervos fieles administrando bien lo que Dios ha puesto en nuestras manos.

AMAR A UN SOLO SEÑOR

"Ninguno puede servir a dos señores; porque o aborrecerá al uno y amará al otro, o estimará al uno y menospreciará al otro. No podéis servir a Dios y a las riquezas". Mateo 6:24

Quiero cerrar la enseñanza que le traje en este libro expresándole mis más sinceros deseos de que pueda alcanzar todas las bendiciones que Dios tiene para usted y que sea prosperado en todas las áreas de su vida. Pero sobre todas las cosas, espero que crezca día a día en santidad para con Dios y en comunión con Él, sin dejar que la avaricia, que es idolatría (Colosenses 3:5), entre a su vida.

La misma pregunta que se nos hace en Mateo 16:26, se la hago a usted hoy: "... ¿qué aprovechará al hombre, si ganare todo el mundo, y perdiere su alma?...". Porque como nos dice Mateo 6:24, no podemos amar a dos señores; porque aborreceremos a uno y amaremos al otro.

Le traigo a memoria el rico insensato de Lucas 12. Este decidió construir graneros más grandes para guardar sus riquezas, y comer y beber, pero la muerte lo visitó esa noche. La enseñanza no radica en la abundancia que tenía, sino que su tesoro (su corazón) estaba en las ganancias terrenales y no poseía tesoros en el cielo con Dios. Por ello, debemos estar siempre tomados de la misericordia del Señor a través de la oración para que la vanidad y el amor al dinero no entren a nuestras vidas.

Como mencionamos en capítulos anteriores, no enseñamos que todo cristiano debe ser millonario, hablamos de tener las provisiones que Dios ha determinado para nosotros. Para unos más, para otros menos conforme sea la voluntad del Padre y las habilidades del individuo. Pero sobre todas las cosas, nada se compara con la salvación y la vida eterna.

Es mi oración que a medida que usted sea obediente a la Palabra de Dios y espere en fe por las bendiciones prometidas por Él, no tome amor al dinero más que al Señor ni caiga en el lazo de tentación, en codicias necias y dañosas que lo hundirán en destrucción y perdición, como otros que se extraviaron de la fe según nos advierte 1 Timoteo 6. Siga la justicia, la piedad, la fe, el amor, la paciencia y la mansedumbre, y teniendo sustento y abrigo, estemos contentos con ello.

"Mas buscad el reino de Dios, y todas estas cosas os serán añadidas" Lucas 12:31

Para invitaciones y productos
visite nuestro sitio en la web:

www.delilahcrowder.com

Made in the USA
Columbia, SC
14 October 2017